독자의 1초를 아껴주는 정성!

세상이 아무리 바쁘게 돌아가더라도
책까지 아무렇게나 빨리 만들 수는 없습니다.
인스턴트 식품 같은 책보다는
오래 익힌 술이나 장맛이 밴 책을 만들고 싶습니다.

길벗이지톡은 독자여러분이
우리를 믿는다고 할 때 가장 행복합니다.
나를 아껴주는 어학도서,
길벗이지톡의 책을 만나보십시오.

독자의 1초를 아껴주는
정성을 만나보십시오.

미리 책을 읽고 따라해본 2만 베타테스터 여러분과
무따기 체험단, 길벗스쿨 엄마 2% 기획단,
시나공 평가단, 토익 배틀, 대학생 기자단까지!
믿을 수 있는 책을 함께 만들어주신 독자 여러분께 감사드립니다.

홈페이지의 '독자마당'에 오시면
책을 함께 만들 수 있습니다.

(주)도서출판 길벗 www.gilbut.co.kr
길벗 이지톡 www.eztok.co.kr
길벗 스쿨 www.gilbutschool.co.kr

명장면·명대사로 배우는
스크린 영어회화
PIXAR
픽사 편

스크린 영어회화 – 디즈니–픽사 편

Screen English – Disney/Pixar

초판 1쇄 발행 · 2016년 9월 10일
초판 2쇄 발행 · 2020년 2월 25일

해설 · 라이언 강
발행인 · 이종원
발행처 · (주)도서출판 길벗
브랜드 · 길벗이지톡
출판사 등록일 · 1990년 12월 24일
주소 · 서울시 마포구 월드컵로 10길 56(서교동)
대표 전화 · 02)332-0931 | **팩스** · 02)323-0586
홈페이지 · www.gilbut.co.kr | **이메일** · eztok@gilbut.co.kr

기획 및 책임 편집 · 신혜원 (madonna@gilbut.co.kr) | **디자인** · 최주연 | **제작** · 이준호, 손일순, 이진혁
영업마케팅 · 김학흥, 장봉석 | **웹마케팅** · 이수미, 최소영 | **영업관리** · 김명자, 심선숙 | **독자지원** · 송혜란, 홍혜진

편집진행 및 교정 · 오수민 | **전산편집** · 디자인클립 | **오디오 녹음 및 편집** · 와이알 미디어
CTP 출력 · 예림인쇄 | **인쇄** · 예림인쇄 | **제본** · 예림바인딩

▶ 잘못 만든 책은 구입한 서점에서 바꿔 드립니다.
▶ 이 책은 저작권법에 따라 보호받는 저작물이므로 무단전재와 무단복제를 금합니다.
　이 책의 전부 또는 일부를 이용하려면 반드시 사전에 저작권자와 (주)도서출판 길벗의 서면 동의를 받아야 합니다.
▶ 책 내용에 대한 문의는 길벗 홈페이지(www.gilbut.co.kr) 고객센터에 올려 주세요.

ISBN　979-11-5924-054-6 04740 (길벗 도서번호 300876)
　　　　 979-11-5924-052-2 04740 (세트)

▶ 이 도서의 국립중앙도서관 출판예정도서목록(CIP)은 서지정보유통지원시스템 홈페이지(http://seoji.nl.go.kr)와
　국가자료공동목록시스템(http://www.nl.go.kr/kolisnet)에서 이용하실 수 있습니다. (CIP제어번호: CIP2016015380)

Copyright © 2016 Disney/Pixar. All rights reserved.

정가 15,000원

독자의 1초를 아껴주는 정성 길벗출판사

길벗 | IT실용서, IT/일반 수험서, IT전문서, 경제경영서, 취미실용서, 건강실용서, 자녀교육서
더퀘스트 | 인문교양서, 비즈니스서
길벗이지톡 | 어학단행본, 어학수험서
길벗스쿨 | 국어학습서, 수학학습서, 유아학습서, 어학학습서, 어린이교양서, 교과서

페이스북 · www.facebook.com/gilbuteztok
네이버 포스트 · http://post.naver.com/gilbuteztok
유튜브 · https://www.youtube.com/gilbuteztok

명장면·명대사로 배우는
스크린 영어회화
PIXAR
픽사 편

해설 라이언 강

머리말 Prologue

그 시절 우리가 좋아했던 픽사 애니메이션!
영어를 알면 감동이 두 배가 된다.

#픽사 애니메이션 #인생영화 #상상력 끝판왕 #뭉클

범접할 수 없는 상상력으로 동물과 인간을 친구로 만들고 장난감과 자동차에게 생명을 불어넣는 픽사 애니메이션! 어린 시절엔 〈토이스토리〉의 우디와 버즈, 〈몬스터주식회사〉의 설리와 마이크 등 세계를 초월한 픽사 애니메이션의 주인공들과 함께 신 나는 모험을 떠나곤 했죠. 어른이 되고 나서 다시 본 픽사 애니메이션은 새로운 의미로 다가옵니다. 어릴 땐 느끼지 못한 감동을 주며 때로는 눈시울을 자극하기도, 때로는 위로를 건네기도 하죠. 그래서 픽사 애니메이션에는 항상 '어른들의 동화', '키덜트 영화'라는 수식어가 따라 붙습니다. 이 책은 한국인에게 가장 사랑 받은 픽사 애니메이션 10 작품의 명장면을 담았습니다. 책을 보는 것만으로도 영화를 다시 보는 듯한 생생함과 감동을 고스란히 느낄 수 있을 것입니다.

#픽사 명대사 #영어회화 #감동 두 배

기발한 상상력으로 가득한 픽사 애니메이션 속에는 용기를 주는 혹은 감동을 주는 아름다운 명대사들이 많이 있습니다. 명대사를 원어로 이해하면 영화의 감동이 두 배가 되죠. 이 책은 픽사 애니메이션 명장면의 주옥같은 대사들을 영어 그대로 이해할 수 있는 친절한 해설과 우리말 번역을 담았습니다. 또한 영화 속 명대사 중 실생활에서 활용할 수 있는 구문을 뽑아 다양한 영어회화 표현을 학습할 수 있게 구성했습니다. 영화의 감동은 물론, 영어회화 실력까지 놓치지 마세요.

변치 않는 감동과 실용적인 영어 표현으로 가득한 픽사 애니메이션의 명장면 속으로 떠나 볼까요?

이 책의 구성 How to Use This Book

픽사 애니메이션 10작품에서 명장면 6개씩을 선별했습니다. 영화의 감동을 다시 한 번 느낄 수 있음은 물론, 실생활에서 활용할 수 있는 표현까지 완벽하게 익힐 수 있습니다.

명장면을 떠올릴 수 있는 이미지와 장면에 대한 배경 설명입니다.

명장면의 대사와 해석입니다.
잠시 주인공이 되어서 연기하듯 읽어보세요.

구어체 표현에 대한 부연 설명입니다.

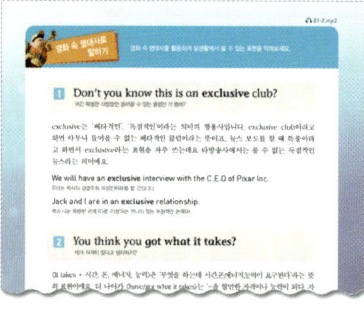

영화 속 명대사로 말하기

명장면 속에서 생활 속에서 활용할 수 있는 표현을 익히는 코너입니다. 명대사를 활용한 다양한 표현을 예문으로 확인할 수 있습니다.

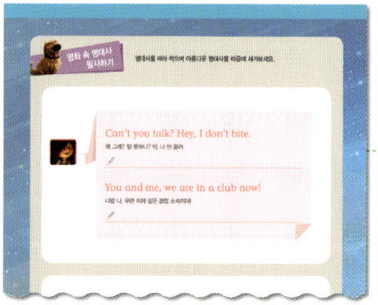

영화 속 명대사 필사하기

아름다운 영화 속 명대사를 손으로 쓰며 다시 한 번 감동을 느껴보세요.

차례 Contents

- 01 **니모를 찾아서** — 8
  Finding Nemo
- 02 **토이 스토리** — 28 
  Toy Story
- 03 **토이 스토리 3** — 48 
  Toy Story 3
- 04 **업** — 68 
  UP
- 05 **몬스터 주식회사** — 88 
  Monsters, Inc.
- 06 **인크레더블** — 108 
  The Incredibles
- 07 **라따뚜이** — 128 
  Ratatouille
- 08 **벅스 라이프** — 148 
  A Bug's Life
- 09 **월-E** — 168 
  Wall-E
- 10 **카** — 188 
  Cars

니모를 찾아서

픽사의 5번째 장편 애니메이션인 〈니모를 찾아서〉는 기획 7년, 제작 4년 총 11년 만에 완성된 작품입니다. 이 작품에 얼마나 큰 공을 들였는지 상상이 가시나요? 인간에게 납치된 호기심 많은 아기 물고기 '니모'와 니모를 구하기 위해 먼바다로 모험을 떠나는 아빠 '말린'의 이야기로, 니모를 향한 말린의 부성애가 짠한 감동을 전합니다.

이 영화를 만들 때 물고기의 움직임을 사실적으로 표현하기 위해 제작진이 거대한 수조에 다양한 종류의 바다 생물을 키우며 움직임을 관찰했다고 합니다. 이러한 노력의 산물로 컴퓨터 애니메이션으로는 표현하기 힘든 물의 질감과 물고기의 움직임을 성공적으로 표현해낼 수 있었죠. 〈니모를 찾아서〉는 미국에서만 3억3천만 달러의 흥행 수입을 올리며, 픽사 애니메이션 사상 최고의 흥행작이 되었습니다. 제76회 아카데미 시상식에서는 애니메이션 부문 작품상을 받는 영예를 안기도 했고요. 어마어마한 인기의 방증으로, 영화 개봉 이후 전 세계에 니모의 어종인 클라운 피쉬(Clown fish) 붐이 일어났다고 하네요.

신 스틸러인 건망증 심한 물고기 '도리'는 2016년 개봉한 〈니모를 찾아서〉의 후속작 〈도리를 찾아서〉의 주인공 자리를 꿰차기도 했죠. 자, 그럼 우리 모두 니모를 찾아 화려한 바닷속 세계로 떠나볼까요?

등장인물 소개 Main Characters

니모 Nemo
흰동가리과 물고기 중 클라운 피쉬(Clown fish)로 말린과 코랄의 외아들. 그가 세상을 보기도 전에 엄마 코랄이 죽어서 아빠 말린과 단둘이 살게 되지만 밝고 씩씩하게 자랍니다. 어느 날 배 주변에서 놀다가 사람에게 잡혀가지만, 특유의 긍정적 기질과 강인한 의지로 아빠와 재회합니다.

말린 Marlin
말미잘에서 아내와 평화롭게 지내는 남편이자 니모의 아빠. 갑작스러운 사고로 아내 코랄과 2세 알들을 잃고 절망에 빠집니다. 단 하나 남은 알에서 태어난 아기를 '니모'라고 부르고 애지중지 키웁니다. 하지만, 니모가 사람들에게 잡혀가자 그를 찾아 멀고도 험한 여정을 떠납니다.

코랄 Coral
말린의 아내이자 니모의 엄마. 수많은 2세 알들 중 하나에 '니모'라는 이름을 붙여 줍니다. 행복한 가정을 꾸리고 살아가는 단꿈에 젖어 있던 순간도 잠시, 그들의 집에 갑자기 침입한 바라쿠다에게 무참하게 죽임을 당하고 마네요.

도리 Dory
블루탱이과 물고기. 그녀는 말린에게 니모가 인간에게 잡혀가던 순간 그들이 타고 온 배를 목격했다고 합니다. 그 말만 믿고 함께 니모를 찾는 여정을 떠나는데 알고 보니 도리는 병적으로 심한 건망증입니다. 그러나, 아주 특이한 능력이 있어 니모를 찾는데 결정적인 역할을 하지요.

크러시 Crush
무려 나이가 150살이나 되는 바다거북으로 새끼들과 떼지어 바다 조류를 타고 여행하는 것을 좋아합니다. 육지에서야 느림보 거북이지만 바다에서는 우사인 볼트 저리 가라 할 만큼 빠르답니다. 니모를 찾아 헤매는 말린과 도리에게 용기를 줍니다.

We'll name one Nemo but I'd like most of them to be Marlin Junior.

하나는 니모라고 이름을 지읍시다, 하지만 대부분은 말린 주니어라고 부르면 좋을 것 같아요.

말린과 코랄 부부는 그들의 사랑의 결정체로 어여쁜 2세 알들을 400마리나 낳았어요. 말린은 반은 '말린 주니어' 반은 '코랄 주니어'라고 하는 게 어떻겠냐고 제안하죠. 그런데, 코랄은 중의 하나는 '니모'라고 부르면 좋겠다고 합니다.

 Aw, look. They're dreaming. We still have to name them.

 You want to name all of them right now? All right, we'll name this half Marlin Junior... and this half Coral Junior. OK, **we're done.**＊

 I like Nemo.

 Nemo. We'll name one Nemo...but I'd like most of them to be Marlin Junior.

 Just think, in a couple of days... we're going to be parents.

코랄 아, 봐봐요. 우리 알들이 꿈을 꾸고 있어요. 얘네들 이름을 지어줘야 하는데.

말린 얘네들 이름을 모두 다 지으려고요. 지금 당장? 알겠어요. 이쪽 반은 말린 주니어라고 하고 또 이쪽 반은 코랄 주니어라고 합시다. 자, 그럼 다 됐네요.

코랄 난 니모가 좋아요.

말린 니모. 그럼 하나는 니모라고 지읍시다. 하지만 대부분은 말린 주니어라고 부르면 좋을 것 같아요.

코랄 생각해 봐요. 이제 며칠 후면… 우리가 부모가 된다구요.

＊ **We're done.**
그럼 다 됐네요. 〈be동사 + done〉은 finished와 함께 '끝났다; 마무리되었다'고 할 때 쓰는 표현이죠. 물론, done과 finished를 구분해서 써야 하는 상황들도 있지만, 문법적인 규칙을 적용하는 것보다는 관용적으로 구분하는 것이 좋습니다.

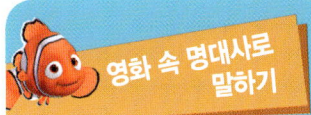

영화 속 명대사로 말하기

영화 속 명대사를 활용하여 실생활에서 쓸 수 있는 표현을 익혀보세요.

1 We'll name **this half** Marlin Junior **and this half** Coral Junior.

우리 이쪽 반은 말린 주니어라고 하고 또 이쪽 반은 코랄 주니어라고 합시다.

name someone은 '~에게 어떤 이름을 지어주다'라는 의미죠. 양쪽을 손으로 가리키며 반씩 나눌 때는 this half and this half 라고 표현한다는 것이에요. This half and the other half '이쪽 반과 나머지 반' 이렇게 표현할 수도 있답니다.

This half is mine **and this half** is yours. 이쪽 반은 내 것 그리고 이쪽 반은 네 것이야.
I think **this half** is better than **the other half**. 내 생각엔 이쪽 반이 다른 쪽 반보다 좋은 것 같아.

2 We'll name one Nemo but I'd like most of them to be Marlin **Junior**.

그럼 하나는 니모라고 지읍시다. 하지만 대부분은 말린 주니어라고 부르면 좋을 것 같아요.

이 대사를 통해서 니모의 이름이 어떻게 지어졌는지 알 수 있네요. 미국 사람들 이름 중에는 뒤에 Junior가 들어가는 경우들이 종종 있는데, 그것은 아들의 이름을 아버지와 똑같이 지은 후 그 둘을 구분하기 위해서 아들 이름 뒤에 junior라고 붙이기 때문이지요.

A : What did you name your son, Mark? 마크, 자네 아들 이름을 뭐라고 지었는가?
B : We named him Mark **Junior**. 마크 주니어라고 지었다네.

3 Just think, **in a couple of** days we're going to be parents.

생각해 봐요. 이제 며칠 후면… 우리가 부모가 된다구요.

'2, 3일 정도 후면: 며칠만 있으면'이라는 의미로 in a couple of days라는 표현을 쓴답니다. in a couple of hours/weeks/months '몇 (2, 3) 시간/주/달 후에' 이런 식으로 활용할 수 있겠네요.

He'll be back **in a couple of** weeks. 그는 2, 3주 정도 있으면 돌아올 것이다.
I'll check the files and call you **in a couple of** hours.
파일들 확인하고 2, 3시간 정도 후에 전화할게.

When they know, you'll know, you know?

그들이 알게 되면 나도 알게 되는 거지요, 안 그래요?

악당 물고기의 공격으로 사랑하는 아내 코랄을 잃게 된 말린은 혼자서 아들 니모를 키우게 되죠. 하지만 니모가 학교에 입학하던 날 그마저 인간들에게 잡혀가고 말았어요. 니모를 찾아 백방을 헤매던 말린은 거북이 크러시와 만납니다.

 Curl away,* my son. It's awesome, Jellyman. The little dudes are just eggs, we leave 'em on a beach to hatch... and then, coo-coo-cachoo... they find their way back to the big ol' blue.

 All by themselves?

 Yeah.

 But, dude, how do you know when they're ready?

 Well, you never really know. But when they know, you'll know, you know? Ha.

크러시 몸을 웅크리며 저어서 가거라, 내 아들아. 너무 좋네요, 젤리맨. 요만한 애들이 아직 그냥 알들일 뿐인데 해변에 부화하게 놔두면 짜자잔… 얘네들이 알아서 대양으로 찾아온다니 말이에요.

말린 아무의 도움도 없이 혼자 알아서 한다고요?

크러시 그럼요.

말린 하지만, 이보쇼, 얘들이 준비된 때를 어떻게 아는 거요?

크러시 뭐 그걸 어떻게 알겠어요. 하지만 그들이 알게 되면 나도 알게 되는 거지요, 안 그래요? 하.

---

* **Curl away**
몸을 웅크리며 저어서 가거라. Curl은 '(특히 머리를) 동그랗게 말다; 곱슬곱슬하게 하다; 몸을 웅크리다'라는 동사인데, 이 장면에서는 거북이 '크러시'가 아들에게 '헤엄쳐 멀리 가거라'라는 뜻으로 curl away라고 말하며 거북이가 몸을 웅크리며 헤엄치는 것을 묘사한 것입니다.

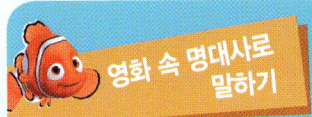

영화 속 명대사로 말하기

영화 속 명대사를 활용하여 실생활에서 쓸 수 있는 표현을 익혀보세요.

1 We leave 'em on a beach to **hatch**...
해변에 부화하게 놓아두면…

hatch는 '알을 까고 나오다; 부화하다'라는 의미의 동사예요. 거북이의 알은 바닷가의 모래 안에서 부화하잖아요? 그 상황을 표현한 것이네요. 'em은 them의 구어 표현이랍니다.

Five chicks **hatched** this morning. 오늘 아침에 병아리 다섯 마리가 부화했다.
How many days does it take for a turtle egg to **hatch**?
거북이 알이 부화하려면 며칠 걸리나요?

2 They **find their way back to** the **big ol'** blue.
얘네들이 알아서 대양으로 찾아온다니 말이에요.

find one's way back to는 '본래 있던 곳으로 찾아가다; 되돌아가다'라는 의미로 쓰이는 숙어예요. big ol' blue는 '푸르른 바다'를 강조하며 표현한 것입니다. 여기에서 big ol'는 big old를 구어체로 표기한 것인데 미국 남부지역에서 유래된 표현으로 big ol' 뒤에 나오는 명사를 부각시키려고 강조용법으로 쓰는 표현이에요.

I will **find my way back to** you. 나는 당신에게 되돌아갈 거예요.
That's a **big ol'** truck. 그 트럭 참 근사하네.

3 All **by themselves**?
아무의 도움도 없이 혼자 알아서 한다고요?

'by oneself'는 '혼자; 다른 사람 없이'라는 의미인데, 여기에서는 앞에 all이 들어가서 의미가 강조됐네요. 문장에서 by oneself '혼자'가 쓰일 때와 그냥 oneself '스스로; 직접'이 쓰일 때 혼동하는 경우가 많은데요. I did it by myself!는 '다른 사람 도움 없이 나 혼자 했다!'라는 의미이고, I did it myself!는 '내가 직접 했다'는 의미입니다. 이 둘의 차이를 구분할 수 있어야 해요.

I defeated them **all by myself**. 오로지 나 혼자서 그들을 무찔렀다.
You should go talk to **her yourself**. 네가 직접 가서 그녀에게 얘기해야 해.

 영화 속 명대사 필사하기

명대사를 따라 적으며 아름다운 명대사를 마음에 새겨보세요.

You want to name all of them right now? All right, we'll name this half Marlin Junior… and this half Coral Junior. OK, we're done.

얘네들 이름을 모두 다 지으려고요. 지금 당장? 알겠어요. 이쪽 반은 말린 주니어라고 하고 또 이쪽 반은 코랄 주니어라고 합시다. 자, 그럼 다 됐네요.

I like Nemo. 난 니모가 좋아요.

All by themselves?

아무의 도움도 없이 혼자 알아서 한다고요?

Yeah. 그럼요.

I promised him I'd never let anything happen to him.

이제 절대 아무 일도 없을 거라고 내가 그에게 약속했어.

말린은 니모를 찾으러 나섰다가 도리라는 물고기의 말만 믿고 그녀와 함께 니모를 찾아 나섭니다. 하지만, 알고 보니 도리는 물고기계에서 단기기억상실 증세가 최고인 별종이네요. 그러나 도리는 말린에게 중요한 것을 깨닫게 해줍니다.

 There, there.* It's alright. It will be okay.

 No, it won't.

 Sure it will. You'll see.

 No. I promised him I'd never let anything happen to him.

 That's a funny thing to promise.

 What?

 You can't never let anything happen to him. Then nothing would ever happen to him. Not much fun for little Harpo.

도리 자, 자, 괜찮아. 다 괜찮을 거야.

말린 아니. 그렇지 않을 거야.

도리 당연히 괜찮을 거라니까. 너도 이제 알게 될 거야.

말린 아니. 이제 절대 아무 일도 없을 거라고 내가 그에게 약속했어.

도리 참 이상한 약속을 했네.

말린 뭐라고?

도리 그에게 아무 일도 없게 하는 것은 불가능해. 그러면 그에게 아무 일도 일이 나지 않을 텐데, 그럼 우리 할포는 참 재미없는 인생을 살겠네.

* **There, there.**
자, 자, 괜찮아; 울거나 화난 아이에게 '자, 자', '그래, 그래, 괜찮아' 이렇게 말하면서 달랠 때 쓰는 표현이에요.

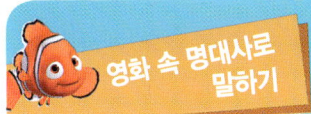

영화 속 명대사로 말하기

영화 속 명대사를 활용하여 실생활에서 쓸 수 있는 표현을 익혀보세요.

1 I promised him I'd never let anything happen to him.
이제 절대 아무 일도 없을 거라고 내가 그에게 약속했어.

우리는 사랑하는 연인이나 가족에게 내가 꼭 보호해 주겠다고 하면서 '절대 너에겐 그 어떤 일도 일어나게 하지 않을 거야'라고 약속하죠. 그럴 때 쓸 수 있는 표현이 I'll never let anything happen to you!랍니다.

I will never ever let anything happen to my baby.
난 우리 아기에게 절대 그 어떤 일도 일어나게 하지 않을 거야.

I swear **I will never let anything happen to** you.
난 맹세코 너에게 그 어떤 일도 일어나게 하지 않을 거야.

2 That's a funny thing to promise.
참 이상한 약속을 했네.

funny가 '웃기는; 재미있는'이라는 의미이지만, 그 이외에도 '기이한; 이상한; 괴상한'이라는 의미로도 많이 쓰인답니다. 지금과 같은 문맥에서 '재미있는 약속을 했구나'라고 하면 문맥의 흐름과 맞지 않으니까 이럴 때는 '이상한; 괴상한'이라고 해석해 주세요.

Well, **that's funny.** I have never seen him before.
거 참 이상하네. 그 사람은 처음 보는 사람인데.

That's a funny thing to say. 참 괴상한 말을 하는구나.

3 Not much fun for little Harpo.
우리 할포는 참 재미없는 인생을 살겠네.

이 문장을 주어와 동사를 갖춘 완전한 문장으로 다시 써보면 There's not going to be much fun for little Harpo. 일 거예요. 구어체에서는 대개 짧게 말하니 There's와 going to be를 생략하고 표현했네요. Harpo는 도리가 건망증이 심해서 니모의 이름을 자기 마음대로 생각나는 대로 막 부르는 습관이 있는데 그 여러 이름 중 하나입니다.

Not much time **for** blogging. 블로그 관리할 시간이 별로 없다네.
Not much interest **for** celebrities. 유명인들에게는 관심이 없다네.

🎧 01-07.mp3

Everything's gonna be all right!

모든 것이 다 잘 될 거라고!

말린은 고래에게 말을 하려고 하는 도리에게 고래의 언어를 모르기 때문에 대화할 수 없다고 도리를 다그치는데, 그러던 중 니모를 혼내던 기억이 겹칩니다. 그 순간, 도리는 말린에게 이제 그만 let it go '놓아줘'라고 말해주네요.

 No, you can't! You think you can do these things, but you can't Nemo.

말린 아니, 너 그러면 안 돼! 넌 이런 짓들을 할 수 있을 거라고 생각하겠지, 하지만 니모 넌 그렇게 못해.

 Okay.

도리 오케이.

 Dory!

말린 도리!

 He says it's time to let go. **Everything's gonna be all right!***

도리 이제 그를 놔줘야 할 때라고 그가 말하잖아. 모든 것이 다 잘 될 거라고!

 How do you know? How do you know something bad isn't gonna happen?

말린 네가 어떻게 알아? 나쁜 일이 일어나지 않을 거라는 걸 네가 어떻게 아느냐고?

 I don't!

도리 나도 몰라!

***** **Everything's gonna be all right!**
모든 것이 다 잘 될 거라고! 사람들이 늘 흥얼거리는 유명한 노래의 제목이기도 한 이 문구는 절망에 빠져 있거나 자신의 삶에 대해서 심하게 걱정하는 사람들에게 용기를 북돋워 주고 격려해 줄 때 쓰는 표현이랍니다.

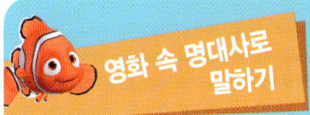

영화 속 명대사로 말하기

영화 속 명대사를 활용하여 실생활에서 쓸 수 있는 표현을 익혀보세요.

1. You think you can do these things, but you can't Nemo.
넌 이런 짓들을 할 수 있을 거라고 생각하겠지. 하지만 니모 넌 그렇게 못해.

이 문장은 부모가 어린 자녀를 혼낼 때 쓰기도 하고 개념 없이 함부로 행동하는 친구에게도 쓸 수 있겠네요. '넌 그렇게 행동해도 괜찮다고 생각할지 모르겠지만 그러면 안 되는 거야'라는 뉘앙스의 표현이에요.

A : What did I do wrong? 내가 뭘 잘못했는데?
B : You think you can do these things, but you can't!
넌 이런 짓들을 해도 괜찮다고 생각하겠지만 그러면 안 돼!

2. He says it's time to let go.
이제 그를 놔줘야 할 때라고 그가 말하잖아.

〈It's time to + 동사〉는 '이제 ~할 시간/때이다'라는 패턴이에요. 예를 들어, It's time to go to bed. '잘 시간이야', It's time to say good bye. '이제 헤어져야 할 시간이야' 이렇게 쓰지요. let go는 '(미련을 버리고) 보내주다; 놓아주다'라는 표현이에요.

It's time to go to bed. 이제 잘 시간이야.
I will never let you go. 난 너를 절대 놓치지 않을 거야.

3. How do you know something bad isn't gonna happen?
나쁜 일이 일어나지 않을 거라는 걸 네가 어떻게 아느냐고?

'~한지 어떻게 알아?'라고 할 때는 How do you know로 문장을 시작한답니다. 예를 들어, How do you know he's lying? '그가 거짓말하고 있는 걸 어떻게 아니?' 이런 식으로 써요. '뭔가 좋은/나쁜 일이 일어날 거야'라고 할 때는 Something good/bad is going to happen.라고 표현한답니다.

How do you know if someone likes you? 누군가가 당신을 좋아하는지 어떻게 아나요?
I have a feeling that something good is going to happen.
뭔가 좋은 일이 일어날 것만 같은 느낌이 드네.

영화 속 명대사 필사하기

명대사를 따라 적으며 아름다운 명대사를 마음에 새겨보세요.

There, there. It's alright. It will be okay.
자, 자. 괜찮아. 다 괜찮을 거야.

No, it won't.
아니. 그렇지 않을 거야.

Sure it will. You'll see.
당연히 괜찮을 거라니까. 너도 이제 알게 될 거야.

He says it's time to let go. Everything's gonna be all right!
이제 그를 놔줘야 할 때라고 그가 말하잖아. 모든 것이 다 잘 될 거라고!

니모를 찾아서 21

No one's ever stuck with me for so long before.

아무도 이렇게 오랫동안 나와 함께 해 준 사람은 없어.

말린이 도리에게 니모를 찾는 것은 이제 포기하자고 말하며 그동안 고마웠다고 말하며 떠나려고 하자 도리는 말린에게 제발 가지 말라고 난 너와 같이 있는 것이 좋다며 애원합니다.

Stop! Please don't **go away**.* Please?
No one's ever stuck with me for so long before.
And if you leave... if you leave, I just... I remember things better with you.
I do! Look. P. Sherman, 42.. 42.. I remember it.
It's there. I know it is. Because when I look at you I can feel it. And I look at you and I... I'm home.
Please. I don't want that to go away. I don't wanna forget.

도리 멈춰! 제발 날 떠나지 말아줘. 그래 줄래?
아무도 이렇게 오랫동안 나와 함께 해 준 사람은 없어.
이제 네가 떠나면… 네가 떠나면, 난 그저… 난 너랑 같이 있으면 기억을 더 잘한다고.
정말로! 봐봐. 피, 셜먼, 42… 42… 기억하잖아.
저쪽에 있다고. 난 그렇다는 걸 알아. 왜냐하면, 널 보고 있으면 난 느낄 수 있거든. 내가 널 볼 때면 내가… 집에 온 것처럼 편안해.
제발. 이런 마음이 날 떠나지 않게 해줘. 난 잊고 싶지 않아.

* **go away**
'사람이나 장소를 떠나다'라는 의미로 이 대화에서는 Don't 가 붙어서 '떠나지 마'라고 쓰였네요. '저리 비켜, 가 줘'라는 매정한 표현도 있답니다.

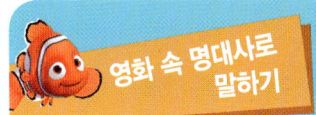

영화 속 명대사로 말하기

영화 속 명대사를 활용하여 실생활에서 쓸 수 있는 표현을 익혀보세요.

1 No one's ever **stuck with me** for so long before.
아무도 이렇게 오랫동안 나와 함께 해 준 사람은 없어.

'stuck with something/someone'은 '(특히 원하지 않음에도 불구하고) ~와 어쩔 수 없이 붙어있어야 하는 상황이 되다; 짐을 떠맡게 되다'라는 의미예요. 위의 문장을 좀 더 정확한 의미로 보면 '아무도 이렇게 오랫동안 나 같은 골칫덩어리하고 붙어있었던 사람은 없었어' 이런 뜻이에요.

Don't leave me **stuck with** your little brother. He talks too much.
네 동생하고 나 둘만 두고 가지 마. 걔는 말이 너무 많아.

You're **stuck with me** forever. 년 이제 영원히 나랑 붙어있는 거야.

2 I remember things **better with** you.
난 너랑 같이 있으면 기억을 더 잘한다고.

I'm better with you. 라고 하면 '난 너랑 있으면 더 괜찮은/좋은 사람이야' 이런 뜻이에요. 이 문장을 조금 더 활용해서 Your child will perform better with you. '당신의 아이는 당신이 같이 있으면 더 실력발휘를 할 거예요' 이렇게 쓸 수 있지요.

I can study **better with** you in the room. 네가 방에 있으면 공부가 더 잘 돼.
I feel **better with** you. 난 너랑 있을 때 느낌이 더 좋아.

3 When I look at you I can feel it. And I look at you and **I'm home**.
널 보고 있으면 난 느낄 수 있거든. 널 보면 집에 온 것처럼 편안해.

집에 있는 것 같은 편안한 느낌이라고 할 때 I feel like I'm home. 이라고 말해요. 위의 문장에서 앞부분이 생략되어 I'm home이라고 나왔는데 뉘앙스를 파악할 수 있겠죠? 나를 찾아온 손님에게 'Make yourself at home!'이라고 하면 '집이라고 생각하고 편안히 계세요.' 이런 뜻이랍니다.

When I read his novel, I feel like **I'm home**. 그의 소설을 읽으면 마치 집에 온 것처럼 편안해.
I'm home when I'm with you. 너와 함께 있으면 정말 편해.

No, I am not gonna lose you again!
안돼, 난 다시는 널 잃지 않을 거라고!

말린은 천신만고 끝에 니모를 찾게 되었지만 기쁨도 잠시, 도리가 인간들이 쳐 놓은 그물에 걸리고 말았네요. 니모는 도리를 구해야만 한다고 하고 말린은 니모를 다시 잃고 싶지 않은 마음에 말리지만 결국 니모를 믿고 보내줍니다.

 Dad, I know what to do!

 Nemo! No!

 We have to tell all the fish to swim down together!

 Get out of there now!

 I know this will work!

 No, I am not gonna lose you again!

 Dad, there's no time! It's the only way to save Dory! I can do this.

 You're right. I know you can.

 Lucky fin!*

 Now, go! Hurry!

니모 아빠, 난 어떻게 해야 할지 알아요!
말린 니모! 안돼!
니모 모든 물고기에게 다 같이 아래쪽으로 헤엄쳐야 한다고 말해줘야만 해요!
말린 지금 당장 거기서 빠져 나오라고!
니모 이렇게 하면 된다니까요!
말린 안돼, 난 다시는 널 잃지 않을 거라고!
니모 아빠, 시간이 없어요! 도리를 구하려면 이 방법밖에는 없어요! 내가 할 수 있다고요.
말린 그래 네 말이 맞다. 네가 할 수 있다는 걸 나도 알아.
니모 행운의 지느러미!
말린 자, 이제 가래 서둘러!

* **Lucky fin!**
행운의 지느러미; 물고기의 지느러미는 fin입니다. '행운의 마스코트, 부적'은 lucky charm이라고 하는데 비슷한 맥락에서 'lucky fin'이라는 표현을 썼네요.

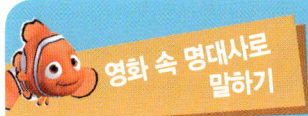

영화 속 명대사로 말하기

영화 속 명대사를 활용하여 실생활에서 쓸 수 있는 표현을 익혀보세요.

1 I know **what to do**!
난 어떻게 해야 할지 알아요!

'무엇을 해야 할지'라고 할 때는 'what to do', '무슨 말을 할지'라고 할 때는 'what to say'라고 해요. 무엇을 해야 할지 고민이 되고 어찌해야 할지 모를 때 '아, 어쩌지, 어쩌지'라고 하잖아요? 그럴 때 영어권 사람들은 혼자서 'what to do, what to do' 이렇게 중얼거리기도 한답니다.

I'm really nervous. I don't know **what to do**. 나 정말 긴장했어. 어떻게 해야 하지 모르겠네.
You'll know **what to say** when you see him. 그를 만나면 무슨 말을 해야 할지 알게 될 거야.

2 I know this will **work**!
이렇게 하면 된다니까요!

work는 기본적으로 '일하다'라는 의미지만, 또 '작동되다; 기능하다; 효과가 있다; 통하다' 이런 의미로도 많이 쓰인답니다. 약이 효과가 있다거나, 어떤 방식으로 했더니 효과가 있고 통한다거나, 고장 난 것을 고쳤더니 작동한다거나 이런 것을 표현할 때 쓰는 동사예요.

Are you sure you fixed the door? It still doesn't **work**.
이거 문 고친 것 확실해? 아직도 안 되네.
Compliment on her smile? Does that really **work**?
그녀의 미소에 대해서 칭찬을 하라고? 그거 정말 효과 있는 거야?

3 It's the only way to save Dory!
도리를 구하려면 이 방법밖에는 없어요!

궁지에 몰렸거나 곤경에 처했을 때 대처할 수 있는 방법이 단 하나밖에 없을 때 우리는 '이 방법밖에는 없다; 이것이 유일한 방법이다'라고 하죠. 이럴 때 영어로는 〈It's the only way to + 동사〉 패턴을 쓴답니다.

It's the only way to be sure. 확실하게 하려면 이 방법밖에는 없어.
It's the only way to get out of here. There's no other way out.
여기를 벗어나려면 이 방법밖에는 없어. 다른 출구는 없어.

 **영화 속 명대사 필사하기**

명대사를 따라 적으며 아름다운 명대사를 마음에 새겨보세요.

Stop! Please don't go away. Please?
멈춰! 제발 날 떠나지 말아줘. 그래 줄래?

No one's ever stuck with me for so long before.
아무도 이렇게 오랫동안 나와 함께 해 준 사람은 없어.

And if you leave… if you leave, I just… I remember things better with you.
이제 네가 떠나면… 네가 떠나면, 난 그저… 난 너랑 같이 있으면 기억을 더 잘한다고.

I know this will work!
이렇게 하면 된다니까요!

No, I am not gonna lose you again!
안돼, 난 다시는 널 잃지 않을 거라고!

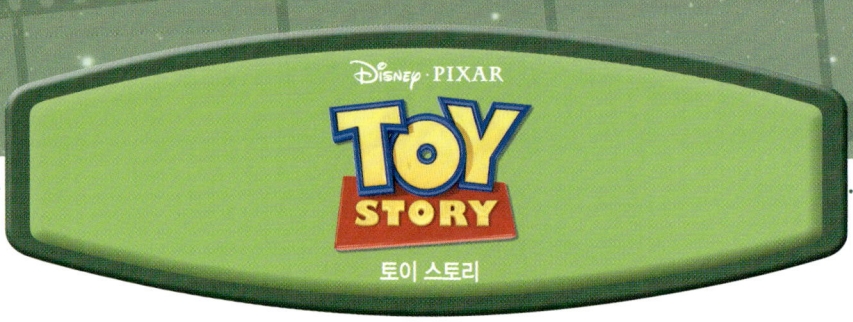

토이 스토리

1995년 픽사가 월트 디즈니와 함께 제작한 최초의 장편 애니메이션입니다. 이 영화의 감독 존 래스터가 1988년에 만든 단편 영화 〈틴 토이〉를 장편화한 작품이죠. 어릴 때 누구나 한 번쯤 '장난감이 살아있지 않을까?'라는 생각을 해봤을 텐데요, 이 영화는 바로 이러한 발상에서 시작되었습니다. 낡으면 버려지는 장난감들의 운명이나 전혀 다른 두 인물 우디와 버즈의 우정 등 심도 있는 문제를 다루어 아이들뿐 아니라 성인들에게도 감동을 전했습니다. 이 영화는 세계 최초의 장편 3D 애니메이션으로 기술적인 면에서 엄청난 진보와 완벽을 추구했습니다. 하지만 감독이 더욱 심혈을 기울인 것은 다름 아닌 '스토리'였다고 합니다. 〈토이 스토리〉의 이야기를 구성하는 데만 2년이 걸렸다고 하죠. 덕분에 이 영화는 탄탄한 영상미에 작품성까지 겸비하여 '1995년 가장 흥행한 영화'라는 전설적인 기록을 남겼습니다. 지금의 픽사를 있게 한 개국공신이나 다름없죠. 지금은 고인이 된 스티브 잡스가 픽사를 천만 달러에 인수하고 이 작품을 만들며 존 래스터 감독에게 '애플 컴퓨터의 수명은 고작 4~5년이겠지만, 제대로 만든 영화는 이 세상에 영원히 남게 될 것'이라는 말을 했다고 합니다. 그의 말처럼 아직까지 많은 사람의 마음속에 최고의 영화로 남아있는 〈토이 스토리〉 안으로 들어가 볼까요?

등장인물 소개 Main Characters

우디 Woody

앤디에게 가장 사랑받는 카우보이 인형으로 장난감들 사이에서 리더의 역할을 맡고 있죠. 아주 똑 부러지고 쿨한 성격이에요. 등에 붙은 끈을 당기면 내장된 녹음기에서 말하는 기능이 붙어 있답니다. 버즈가 나타나면서 바짝 긴장하며 그를 견제합니다.

버즈 Buzz Lightyear

앤디가 생일선물로 받은 최신 유행 스페이스 레인저 장난감. 액션 버튼을 누르면 'To infinity and beyond!' (무한한 공간 저 너머로!)라는 말이 재생되는데 이것이 그의 트레이드 마크랍니다. 자기가 우주 경찰인 줄 착각하며 우쭐대다가 나중에 아니란 걸 알게 되죠.

Mr. 포테이토 헤드 Mr. Potato Head

눈, 귀, 발 등 신체 부위를 자유롭게 뺐다 꼈다 할 수 있는 감자 모양 얼굴의 인형. 매사에 투덜거리는 성격이라 불쾌하게 보일 수도 있지만, 동료를 잘 챙기는 의리의 사나이예요.

햄 Hamm

흔히 볼 수 있는 핑크색 돼지모양 저금통. 통찰력이 있고 똑똑해서 장난감들의 참모 역할을 한답니다. 배 안에는 앤디가 모은 용돈이 언제나 들어 있습니다.

앤디 Andy Davis

장난감들의 주인 소년. 카우보이 인형 우디를 너무 좋아하다가 생일선물로 받은 버즈에게 빠져 우디를 긴장하게 합니다. 장난감을 소중하게 여기며 좋아하는 장난감에는 자기 이름 『ANDY』라고 써 놓는답니다.

I'm Buzz Lightyear, Space Ranger, Universe Protection Unit.

난 버즈 라이트이어라고 하네. 우주 전사, 우주보호부대 소속이지.

앤디의 우주전사 로봇인형 버즈가 기존에 있던 앤디의 장난감들과 처음으로 만나는 장면이에요. 다른 장난감들도 신경이 쓰이긴 마찬가지이지만 특히 그동안 앤디의 사랑을 독차지하던 카우보이 인형 우디가 가장 견제를 하네요.

 Hello!

 Whoa! He-Hey! Whoa, whoa, whoa, whoa! Did I frighten you? Didn't mean to. Sorry. **Howdy.***

 My name is Woody... and this is Andy's room. That's all I wanted to say. And also, there has been a bit of a mix-up. This is my spot, see... the bed here.

 Local law enforcement. It's about time you got here. I'm Buzz Lightyear, Space Ranger, Universe Protection Unit. My ship has crash-landed here by mistake.

 Yes, it is a mistake, because, you see, the bed here is my spot.

우디 안녕!

버즈 오위 어-어이! 워, 워, 워, 워! 나 때문에 놀랐나? 그럴 의도는 아니었다네. 미안하네. 안녕.

우디 내 이름은 우디야… 여기는 앤디의 방이고, 내가 하고 싶은 말은 그게 전부야. 그리고 또, 뭔가 혼동이 있었던 것 같은데 여긴 내 자리야. 봐봐… 여기 내 침대.

버즈 동네 경찰. 때마침 잘 왔네. 난 버즈 라이트이어라고 하네. 우주 전사, 우주보호부대 소속이지. 내가 탔던 우주선이 실수로 이곳에 불시착했네.

우디 그래, 실수야. 왜냐하면, 있잖아, 이 침대는 내 자리거든.

* Howdy.
'안녕' 비격식적인 인사말로 미국의 남부지역, 특히 텍사스 지역에서 많이 쓰는 표현이에요. 원래는 How do you do? '잘 지내시나요. 반갑습니다?'는 말을 줄여서 쓰다가 Howdy라고 하게 되었다고 하는데, 요즘에는 그냥 인사말로 쓴답니다.

1. Did I **frighten** you? **Didn't mean to**.
나 때문에 놀랐니? 그럴 의도는 아니었다네.

frighten은 '겁먹게/놀라게 만들다'라는 의미의 동사로 scare과 동의어라서, 이 상황에서 Did I scare you?라고 해도 똑같은 의미랍니다. 갑자기 놀라게 한다는 뉘앙스로는 frighten이 더 적합하고요. Didn't mean to. '그럴 의도가 아니었다'에서 mean은 '의도하다'라는 동사로 이 문장은 I didn't mean to do that.를 줄인 것이랍니다.

The scene **frightened** me to death. 그 장면 때문에 깜짝 놀라 죽을 뻔했어.
I **didn't mean to** upset you. 너를 화나게 할 의도는 아니었어.

2. There has been a bit of a **mix-up**.
뭔가 혼동이 있었던 것 같네.

'혼동, 특히 실수로 인한 혼동'을 비격식적으로 mix-up이라고 해요. 동사로 mix something up의 형식으로 '~을 뒤죽박죽으로 만들다/뒤섞어 놓다'라는 의미가 되지요. 또한 mix someone/something up with someone/something이라고 하면 '~을 ~와 혼동하다'라는 의미로도 쓸 수 있답니다.

There has been a **mix-up** with the names. 이름들이 뒤섞여서 좀 혼동이 있었어요.
You must be **mixing me up** with someone else. 저를 다른 사람과 혼동/착각하시는 것 같군요.

3. My ship has **crash-landed** here **by mistake**.
내가 탔던 우주선이 실수로 이곳에 불시착했네.

'착륙하다'는 land인데 제대로 안전하게 착륙을 하지 못하고 불시착할 경우에는 crash-land 한다고 해요. 사고(추락, 충돌)가 나면서 착륙을 하는 것이지요. '실수로' 무엇을 했다고 할 때는 mistake 앞에 by를 넣어서 by mistake이라고 표현합니다.

A passenger plane **crash-landed** on the runway last night.
어젯밤에 여객기가 활주로에 불시착했다.

I pressed the wrong button **by mistake**. 실수로 다른 버튼을 눌렀어.

You know he'll always have a special place for you.

그가 항상 너를 위한 특별한 자리를 마련해 둘 거라는 건 너도 알잖아.

앤디의 모든 관심이 우주전사 버즈에게 쏠리자 우디는 질투가 나서 견딜 수가 없습니다. 괴로워하는 우디에게 '보'라는 인형이 앤디는 아직도 너를 가장 사랑하고 있다고 전혀 신경 쓸 필요 없다며 위로의 말을 건네요.

 Say, there.* Lizard and Stretchy Dog, let me show you something. It looks as though I've been accepted into your culture. Your chief, Andy, inscribed his name on me.

 Wow! With permanent ink too!

 Well, I must get back to repairing my ship.

 Don't let it get to you, Woody.

 Uh, let what? I don't, uh...What do you mean? Who?

 I know Andy's excited about Buzz, but you know he'll always have a special place for you.

버즈 저기 말이야. 도마뱀하고 늘어나는 개, 내가 뭘 좀 보여주지. 내가 자네들의 문화로 받아들여진 것처럼 보이긴 하네. 자네들 대장, 앤디가 나에게 그의 이름을 새겨줬으니 말이야.

렉스 우와! 영구히 안 지워지는 펜으로 쓰기까지 했네!

버즈 난 이제 내 우주선을 고치러 가야겠네.

보 이런 일로 스스로를 괴롭히지 마, 우디.

우디 응, 뭐가 어쨌다고? 난 아닌데, 어… 무슨 의미니? 누가?

보 나도 앤디가 버즈 때문에 신난 건 알아. 하지만 앤디가 항상 너를 위한 특별한 자리를 마련해 둘 거라는 건 너도 알잖아.

* **Say, there.**
'저기 말이야. 여보세요' 상대방을 뭐라고 호칭해야 좋을지 모를 때 보통 '저기요, 여보세요'라고 하잖아요. 그런 상황에서 쓰이는 표현이에요. Hello. 혹은 Hey, there. 이라고 하는 것과 비슷하죠.

영화 속 명대사로 말하기
영화 속 명대사를 활용하여 실생활에서 쓸 수 있는 표현을 익혀보세요.

1 It **looks** as **though** I've been accepted into your culture.
내가 자네들의 문화로 받아들여진 것처럼 보이긴 하네.

'(마치) ~처럼 보이다'는 의미의 look as though는 look like와 같은 의미이지만 look like 뒤에는 '명사'만 쓸 수도 있는 반면 look as though 뒤에는 '주어 + 동사'를 갖춘 절이 따라오지요. 예를 들어, He looks like a bear. '그는 곰처럼 생겼어'라고 할 수는 있지만, he looks as though a bear. 라고 쓰지는 않는답니다.

You **look** as **though** you have seen a ghost. 너 마치 유령이라도 본 것 같아 보이는구나.
It **looks** as **though** you guys had a fight. 너희들 무슨 싸움이라도 한 것 같아 보여.

2 I must **get back to** repairing my ship.
난 이제 내 우주선을 고치러 가야겠네.

ship은 바다를 항해하는 '배'를 지칭할 때 쓰기도 하지만 우주선이라는 의미로 쓸 수도 있어요. 우주선은 정확히 말하면 spaceship인데 줄여서 ship이라고 부르기도 합니다. 'get back to ~'는 '다시 ~을 하러 돌아가다'라는 의미로 쓰이는 관용표현이에요.

I need to **get back to** work. 다시 일하러 가봐야 해.
Why don't you **get back to** studying? 다시 공부하러 가는 게 어때?

3 Don't **let** it **get to** you.
이런 일로 스스로를 괴롭히지 마.

어떤 일 혹은 사람으로 인해 상대방이 짜증 내거나 화를 내거나 괴로워하면 '그런 일/사람 때문에 감정 소모할 필요 없어, 화내지 마, 괴로워하지 마, 짜증 내지 마'라는 의미로 Don't let it/him/her get to you! 라고 말합니다.

I know she's annoying, but you shouldn't **let her get to** you.
그녀가 짜증 나는 건 나도 알지만 걔 때문에 네 기분까지 망치지 마.

Don't let it get to you. It's not worth it.
그런 일에 감정 소모하지 마. 그럴 가치도 없는 일이야.

 영화 속 명대사 필사하기

명대사를 따라 적으며 아름다운 명대사를 마음에 새겨보세요.

Did I frighten you? Didn't mean to. Sorry. Howdy.

나 때문에 놀랐나? 그럴 의도는 아니었다네. 미안하네. 안녕.

My name is Woody… and this is Andy's room. That's all I wanted to say. And also, there has been a bit of a mix-up. This is my spot, see… the bed here.

내 이름은 우디야… 여기는 앤디의 방이고, 내가 하고 싶은 말은 그게 전부야. 그리고 또, 뭔가 혼동이 있었던 것 같은데 여긴 내 자리야, 봐봐… 여기 내 침대.

Don't let it get to you, Woody.

이런 일로 스스로를 괴롭히지 마, 우디.

토이 스토리 35

You couldn't handle Buzz cuttin' in on your playtime, could you, Woody?

너의 놀이시간에 버즈가 잠깐 끼어드는 걸 감당할 수 없었군, 그지, 우디?

우디가 우발적으로 진심 반 장난 반으로 버즈를 창문 밖으로 밀어내어 추락하게 한 것을 본 장난감들은 우디에게 어떻게 그런 짓을 할 수 있느냐며 강렬히 비난하며 쏘아붙입니다.

 Where is your honor, dirt bag? You are an absolute disgrace!

 You couldn't handle Buzz cuttin' in on your playtime, could you, Woody?
Didn't wanna face the fact that Buzz just might be Andy's new favorite toy.
So you got rid of him. Well, what if Andy starts playing with me more, Woody, huh? You're gonna knock me out of the window too?

 I don't think we should give him the chance.

 There he is, men. **Frag him!**＊

 Let's string him up by his pull string!

군인 체면은 밥 말아 드셨나, 개차반 씨? 자네는 우리에게 완전 수치일세!

포테이토 헤드 너의 놀이시간에 버즈가 잠깐 끼어드는 걸 감당할 수 없었군, 그지, 우디?
버즈가 앤디의 가장 아끼는 장난감이 될지도 모른다는 사실을 마주하고 싶지 않았겠지.
그래서 그를 없앴구나. 흥, 만약에 앤디가 나랑 더 많이 놀기 시작하면 어떻게 할 작정인가, 우디, 응? 나도 창문 밖으로 뻥 차 버릴 텐가?

햄 그에게 기회를 주면 안 될 것 같아.

군인 그가 저기 있다. 제군들. 수류탄을 던져 그를 죽여라!

포테이토 헤드 그의 등 뒤에 잡아당기는 줄로 그를 매달자!

＊ **Frag him!**
'수류탄을 던져 그를 죽여라!' 미국 군대에서 쓰는 속어로 frag은 동료의 안전에 해를 입힐 수 있는 대원이나 상관을 수류탄을 던져 다치게 하거나 죽이라는 의미예요.

영화 속 명대사로 말하기

명화 속 명대사를 활용하여 실생활에서 쓸 수 있는 표현을 익혀보세요.

1 Where is your honor, dirt bag? You are an absolute **disgrace**!
체면은 밥 말아 드셨나, 개차반 씨? 자네는 우리에게 완전 수치일세!

honor는 '명예, 체면, 자존심'이라는 의미이고, dirt bag은 '더럽고 불결한 인간'이라는 비격식 표현이에요. disgrace는 '불명예, 망신, 수치'라는 의미입니다.

You are a **disgrace** to all humanity. 너는 모든 인류의 수치야.
My little brother is a **disgrace** to our family. 내 남동생은 우리 집안의 망신이다.

2 You couldn't handle Buzz **cuttin' in** on your playtime, could you, Woody?
너의 놀이시간에 버즈가 잠깐 끼어드는 걸 감당할 수 없었군, 그지, 우디?

어린아이들의 '놀이시간'을 playtime이라고 해요. cut in on something/someone은 '한창 말하고 있는 데 끼어들다'라는 의미예요. 보통 '간섭하다, 끼어들다'라고 할 때 interrupt 이라는 단어를 사용하는데, 이것도 많이 쓰인답니다.

Don't **cut in on** our conversation. 우리 대화 나누고 있는데 끼어들지 마.
While I was telling everyone my story, Tom kept **cutting in on** me.
내가 모두에게 내 이야기를 전하고 있는데, 톰이 계속 끼어들더라고.

3 Didn't wanna **face the fact that** Buzz just might be Andy's new favorite toy.
버즈가 앤디의 가장 아끼는 장난감이 될지도 모른다는 사실을 마주하고 싶지 않았겠지.

〈face the fact that + 주어 + 동사〉는 '~라는/하다는 사실을 마주하다'라는 의미로 쓰이는 패턴이에요. 흔히 말하는 '현실을 마주하라/직시해라'라고 할 때는 face reality라고 하고, '~라는/~하다는 사실을 마주하다/받아들이다'라고 할 때는 'face the fact that ~'라고 합니다.

You need to **face the fact that** she's not your girlfriend anymore.
그녀가 더 이상 너의 여자친구가 아니라는 사실을 받아들여야 한다.

I can't **face the fact that** I'm losing my hair. 점점 탈모가 진행되고 있다는 사실을 받아들이기 어렵다.

Snap out of it, Buzz!

정신 차리게, 버즈!

버즈와 우디가 이웃집 악동 시드의 집에 갇혀버렸어요. 자신이 일개 장난감에 불과해서 우스꽝스러운 여장까지 한 상황에 버즈는 살짝 정신줄을 놓아버린 것 같네요. 둘은 무사히 탈출할 수 있을까요?

 Buzz! Hey! Buzz, are you okay?

 Gone! It's all gone. All of it's gone. Bye-bye. Whoo-whoo. See ya.

 What happened to you?

 One minute you're defending the whole galaxy, and suddenly you find yourself suckin' down Darjeeling… with Marie Antoinette and her little sister.

 I think you've had enough tea for today. Let's get you outta here, Buzz.

 Don't you get it? You see the hat? I am Mrs. Nesbitt!

 Snap out of it, Buzz!

 I'm… I'm sorry, I… You're right. I am just a little depressed, that's all. I… I can get through this. Oh, **I'm a sham!**★

우디 버즈! 이봐! 버즈, 괜찮나?

버즈 사라졌어! 다 사라졌다고. 모든 게 다 끝난 거야. 잘 가라 잘 가. 후후. 또 보세.

우디 자네 어떻게 된 건가?

버즈 한때는 은하계 전체를 지키는 수호자였었는데 이젠, 마리 앙투아네트와 그녀의 여동생과 함께 다즐링 차나 홀짝거리는 신세라니…

우디 자네 아무래도 오늘 차를 너무 마신 것 같네. 여기서 나가세, 버즈.

버즈 이해 못 하겠나? 모자 보이지? 난 네스빗 여사란 말일세.

우디 정신 차리게, 버즈!

버즈 나는… 미안하군. 난… 자네 말이 맞네. 내가 조금 우울해서 이런 거야. 그것뿐이야. 난… 나는 이 정도는 이겨낼 수 있어. 오, 난 사기꾼이야!

★ **I'm a sham!**
'난 사기꾼이야!' sham은 '가짜, 엉터리, 사기; 사기꾼'이라는 의미로 쓰이는 명사예요. 주로 구어체로 쓰이고 '이거 완전 엉터리네, 가짜네' 하는 뉘앙스의 문장에서 쓰이지요.

영화 속 명대사로 말하기

영화 속 명대사를 활용하여 실생활에서 쓸 수 있는 표현을 익혀보세요.

1. **One minute** you're defending the whole galaxy, **and suddenly** you find yourself suckin' down Darjeeling... with Marie Antoinette and her little sister.

한때는 은하계 전체를 지키는 수호자였는데 이젠, 마리 앙투아네트와 그녀의 여동생과 함께 다즐링 차나 홀짝거리는 신세라니…

'One minute …, and the next minute (혹은 suddenly)' 패턴은 '한때는/한순간은 이런 상황이었는데, 바로 얼마 지나지 않아(갑자기) ~한 상황이 되었다'라는 의미로 쓰여요. 순식간에 상황의 반전이 일어났을 때 대조되는 상황을 묘사하기 위해서 쓰이는 표현이랍니다.

One minute it's love **and suddenly** it's war. 한순간은 사랑이었다가 갑자기 전쟁으로 돌변하네.
One minute you are happy, **and the next minute** you feel depressed.
넌 한순간은 행복했다가, 금방 우울해지는구나.

2. **Snap out of it**, Buzz!
정신 차리게, 버즈!

snap은 '탁/딸깍/찰칵'과 같이 아주 짧은 순간에 움직이는 모습이나 소리를 묘사할 때 쓰는 단어인데 그 어감을 살려서 snap out of something이라고 하면 '재빨리 어떤 기분이나 습관에서 벗어나다, 회복하다, 정신 차리다'라는 의미로 쓰이는 관용표현이랍니다.

It's time to **snap out of** it. 이제 빨리 그 일에서 손을 털어야 할 때이다.
Shin-soo Choo finally **snapped out of** a 3-week hitting slump.
추신수는 마침내 3주간의 타격 슬럼프에서 벗어났다.

3. I can **get through** this.
이 정도는 이겨낼 수 있어.

get through는 '어렵고 힘든 시간을 헤쳐나가다, 이겨내다'라는 숙어예요. 주로 시험 등에 통과하고 합격할 때나 어려운 일을 헤치고 나가면서 이겨내는 것을 표현할 때도 쓰인답니다.

We need to work together to **get through** this drought.
이 가뭄을 이겨낼 수 있도록 우리는 함께 도와야만 합니다.
I have **gotten through** so many hard times. 난 수많은 어려운 시기를 헤치며 살아왔단다.

영화 속 명대사 필사하기

명대사를 따라 적으며 아름다운 명대사를 마음에 새겨보세요.

You couldn't handle Buzz cuttin' in on your playtime, could you, Woody?
너의 놀이시간에 버즈가 잠깐 끼어드는 걸 감당할 수 없었군. 그지, 우디?

_____

Didn't wanna face the fact that Buzz just might be Andy's new favorite toy.
버즈가 앤디의 가장 아끼는 장난감이 될지도 모른다는 사실을 마주하고 싶지 않았겠지.

_____

Gone! It's all gone. All of it's gone. Bye-bye. Whoo-whoo. See ya.
사라졌어! 다 사라졌다고. 모든 게 다 끝난 거야. 잘 가라 잘 가. 후후. 또 보세.

_____

What happened to you?
자네 어떻게 된 건가?

Over in that house is a kid who thinks you are the greatest.

저기 보이는 집에는 자네를 최고라고 생각하는 아이가 살고 있다네.

시드에게 테러를 당하기 일보 직전인 버즈와 우디는 신세 한탄을 하고 있어요. 우디는 심하게 울적해 있는 버즈를 위로하고 격려하다가 오히려 자신이 더 침울해집니다. 극한상황에서 서로 위로하며 정이 싹트는 것 같네요.

 Look, over in that house is a kid who thinks you are the greatest, and it's not because you're a Space Ranger, pal. It's because you're a toy. You are his toy.

 But why would Andy want me?

 Why would Andy want you? Look at you! You're a Buzz Lightyear!
Any other toy would give up his moving parts just to be you.
You've got wings! You glow in the dark! You talk!
Your helmet does that… that… that "whoosh" thing.* You are a cool toy.
As a matter of fact, you're too cool. I mean… I mean, what chance does a toy like me have…against a Buzz Lightyear action figure?
All I can do is… "There's a snake in my boots!" Why would Andy ever want to play with me when he's got you? I'm the one that should be strapped to that rocket.

우디 보라고. 저기 보이는 집에는 자네를 최고라고 생각하는 아이가 살고 있다네. 그리고 그건 자네가 우주전사이기 때문이 아니라네. 친구. 그건 자네가 장난감이기 때문이야. 자네는 그의 장난감이라네.

버즈 하지만 앤디가 나를 왜 원하겠는가?

우디 앤디가 왜 자네를 원하겠느냐고? 자네 자신을 좀 보게나! 그대는 버즈 라이트이어라고!
다른 장난감들은 자네처럼 될 수 있다면 자신의 움직이는 부분까지도 포기할 거라네.
자네에겐 날개가 있어! 어둠 속에서 광채를 내며 빛난다고! 말도 할 줄 알아!
또 헬멧에서는 쉭~ 하는 소리가 나지. 자네는 멋진 장난감이야.
솔직히 말하자면, 심할 정도로 멋져. 그러니까 내 말은, 내 말은, 나 같은 장난감이 버즈 라이트이어 액션피겨를 어찌 상대할 수 있겠나?
내가 할 수 있는 것이라고는… '내 부츠에 뱀이 있다!' 자네 같은 장난감이 있는데 앤디가 왜 나하고 놀겠나? 그 로켓에 묶여야 하는 것은 나라고.

* "whoosh" thing.
'쉭~ 소리 나는 그거' 공기나 물이 빠르게 지나가면서 내는 '쉭/휙' 소리를 'whoosh'라고 해요.

영화 속 명대사로 말하기

영화 속 명대사를 활용하여 실생활에서 쓸 수 있는 표현을 익혀보세요.

1. Look, over **in that house** is a kid who thinks you are the greatest.
보라고, 저기 보이는 집에는 자네를 최고라고 생각하는 아이가 살고 있다네.

이 문장은 There is a kid who think you are the greatest over in that house와 같은 의미의 문장인데, 가주어 There를 빼고 over in that house를 주어로 쓴 것이에요.

In that castle lives a lonely prince. 저 성안에는 외로운 왕자가 살아.
In those days there were giants on the earth. 그 당시에는 지구상에 거인들이 살았단다.

2. Any other toy **would** give up his moving parts **just to** be you.
다른 장난감들은 자네처럼 될 수만 있다면 자신의 움직이는 부분들까지도 포기할 거라네.

이 문장에서는 〈would ~ just to ~〉 패턴을 활용해 볼게요. '~만 할 수 있다면 ~든 할 용의가 있다'의 의미로 쓸 수 있답니다. 예를 들어, I would do anything just to be with you. '난 당신과 함께 있을 수만 있다면 뭐든지 하겠어' 이런 식으로 쓰이지요.

I **would** give up everything **just to** see your smile.
나는 네가 웃는 모습을 볼 수만 있다면 모든 것을 포기할 수도 있어.

He **would** even kill himself **just to** not disappoint his father.
그는 그의 아버지를 실망시켜 드리지 않기 위해서라면 죽음을 불사할 것이다.

3. I mean, **what chance does** a toy like me **have against** a Buzz Lightyear action figure?
내 말은, 나 같은 장난감이 버즈 라이트이어 액션피겨를 어찌 상대할 수 있겠나?

'~을 상대로 겨루어야 한다면 이길 가능성이 얼마나 되겠냐?'라는 의미로 〈what chance do + 주어 + have + against + someone〉의 패턴을 쓸 수 있어요. 여기서 chance는 기회라기보다는 '가능성, 확률'을 의미하는 것이에요.

What chance do I **have against** a professional boxer?
프로복싱 선수를 상대로 내가 어떻게 상대가 되니?

What chance do we **have against** the bear? 우리가 곰이랑 싸워서 이길 확률이 도대체 얼마나 되겠냐?

What could Andy possibly get that is worse than you?

앤디가 어떤 선물을 받더라도 설마 자네보다 더 심한 선물이겠는가?

앤디가 생일을 맞아 많은 선물을 받자 앤디의 장난감들은 혹시라도 새로운 장난감들에게 앤디의 사랑을 빼앗기게 될까 봐 초긴장 모드에 들어갑니다. 앤디의 새 장난감들이 무척 궁금해지네요.

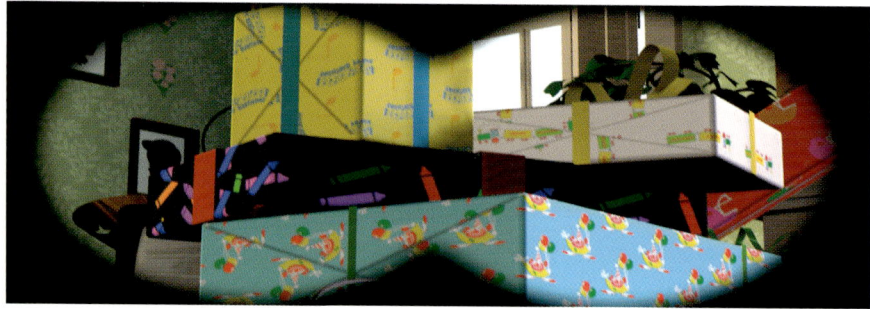

 Come in, **Frankincense.*** Andy is now opening his first present. It's...

 Buzz. Buzz Lightyear. You are not worried, are you?

 Me? No.

 I can't quite…… make out…

 No. No, no, no, no, no, no. Mm-mmm.

 A large box. It's, it's, it's…

 Are you?

 Oh, now, Buzz. What could Andy possibly get that is worse than you?

 Oh, what is it? What is it? Wow! A puppy!

군인 답하라, 프랜킨센스. 앤디가 지금 그의 첫 번째 선물을 열고 있다. 그것은…

우디 버즈, 버즈 라이트이어. 걱정되는 건 아니지, 그런가?

버즈 내가? 아니.

군인 뭔지 정확하게 모르겠는데…

버즈 안돼, 안돼, 안돼, 안돼, 음.

군인 큰 박스. 이것은, 이것은, 이것은…

버즈 자네는 걱정되나?

우디 오, 이보게, 버즈. 앤디가 어떤 선물을 받더라도 설마 자네보다 더 심한 선물이겠는가?

앤디 오, 이거 뭐에요? 뭐에요? 우왜 강아지다!

***Frankincense**
'유향'이 생소한 단어는 사전적으로는 '종교의식에 피우는 향'을 뜻하지만, 영화에서는 장난감 군인이 무전기를 통해 말하는 엉뚱하면서도 재미있는 일종의 암호를 표현합니다. 예를 들면 '응답하라, 알라딘!' 이런 것처럼요.

영화 속 명대사로 말하기

영화 속 명대사를 활용하여 실생활에서 쓸 수 있는 표현을 익혀보세요.

1 You are not **worried**, are you?
걱정되는 건 아니지, 그런가?

누군가를 걱정할 때 '나는 그를 걱정해'라고 하는 것보다 '나는 그가 걱정돼'라고 표현해야 더 자연스러운 것처럼 영어로 표현할 때도 누군가가 걱정된다고 할 때는 I worry about him이라고 하는 것보다는 수동형 문장으로 I'm worried라고 써야 더 자연스럽답니다.

Your mom is worried about you. 너희 엄마가 너 걱정하셔.
I'm not **worried** about me. I'm **worried** about you.
내가 걱정돼서 그러는 게 아니라 네가 걱정돼서 그래.

2 I **can't** quite **make out**.
뭔지 정확하게 모르겠는데.

make out이 가지고 있는 여러 가지의 의미 중에 이 문맥에서 쓰인 의미는 '알아듣다, 분간하다'예요. 주로 받아쓰기를 하거나 듣기평가를 할 때 소리를 정확하게 알아듣기/분간하기 어려운 상황에 can't make out이라고 표현한답니다.

I **couldn't make out** what he was saying. 나는 그가 무슨 말을 하고 있는지 알아들을 수가 없었다.
It was difficult to **make out** who it was because the room was really dark.
방이 너무 어두워서 그가 누구인지 분간하기 어렵더라고.

3 What could Andy possibly get that is worse than you?
앤디가 어떤 선물을 받더라도 설마 자네보다 더 심한 선물이겠는가?

패턴이 조금 복잡하기는 하지만 〈What could + someone + possibly + 동사 + that is worse than + something/someone〉 '이것보다 더 심한/안 좋은 것이 어떻게 가능이나 하겠어?' 이런 의미로 활용할 수 있습니다.

What could I **possibly** do **that is worse than** leaving you?
당신을 떠난 것보다 더 안 좋은 선택이 세상 어디에 있겠어?
What could you **possibly** do **that is worse than** what I did?
내가 한 것보다 더 심한 것을 한다는 게 가능이나 하니?

명대사를 따라 적으며 아름다운 명대사를 마음에 새겨보세요.

Look, over in that house is a kid who thinks you are the greatest, and it's not because you're a Space Ranger, pal. It's because you're a toy. You are his toy.

보라고, 저기 보이는 집에는 자네를 최고라고 생각하는 아이가 살고 있다네. 그리고 그건 자네가 우주전사이기 때문이 아니라네, 친구. 그건 자네가 장난감이기 때문이야. 자네는 그의 장난감이라네.

Oh, now, Buzz. What could Andy possibly get that is worse than you?

오, 이보게, 버즈. 앤디가 어떤 선물을 받더라도 설마 자네보다 더 심한 선물이겠는가?

토이 스토리 3

〈토이 스토리〉의 성공 이후 4년 뒤 개봉한 〈토이 스토리 2〉 역시 놀라운 성공을 거두었습니다. 그리고 11년 만에 〈토이 스토리 3〉가 다시 관객들을 찾아오죠. 1, 2편에서 감독을 맡았던 존 래스터 감독에게서 리 언크리치 감독에게 메가폰이 넘어갑니다. 누구나 태어날 때부터 함께하던 존재가 갑자기 떠나는 슬픔을 필연적으로 경험합니다. 〈토이 스토리 3〉는 앤디가 대학생이 되며 우디와 버즈를 떠나 보내는 이야기를 통해 '이별'에 대해 말하고자 합니다. 아프고 슬픈 이별이 아닌, 각자의 길을 걷기 위해 서로를 보내주는 아름다운 이별은 관객들로 하여금 '행복한 슬픔(happy sad)'을 느끼게 했죠. 이렇게 〈토이 스토리〉 시리즈는 편을 거듭할수록 만화적인 상상력에 적당히 무게감 있는 메시지를 실어 깊이를 더해갔습니다. 작품성이나 상업성 모든 면에서 '속편이 전편을 뛰어넘기는 힘들다'는 통념을 깨버렸죠. 〈토이 스토리 3〉은 '픽사 그래픽 기술의 총체'라고 불릴 만큼 정교한 리얼리티를 보여줍니다. 〈토이 스토리〉 1편과 3편을 비교해서 보면 기술적으로 얼마나 진화했는지 한 눈에 확인할 수 있다고 하니, 혹시 시리즈 전편을 연달아 보신다면 한 번 확인해보세요. 〈토이 스토리 4〉도 곧 나올 예정이라고 하니 기대를 해봐야겠습니다.

등장인물 소개 Main Characters

우디 Woody

카우보이 인형으로 장난감들 사이에서 리더의 역할을 합니다. 아주 똑 부러지고 쿨한 성격이에요. 훌쩍 커버린 주인, 앤디와 이별을 앞두고 다른 장난감들과 균열이 생깁니다. 우디는 이 난관을 잘 헤쳐나갈 수 있을까요?

버즈 Buzz Lightyear

스페이스 레인저 장난감. 자기가 우주 경찰인 줄 착각하며 우쭐대다가 나중에 아니란 걸 알게 되어 실망하지만 우디 덕분에 다시 용기를 되찾습니다. 처음에는 서먹했다가 이제는 우디와 멋진 친구가 되었답니다.

앤디 Andy Davis

장난감들의 주인 소년. 카우보이 인형 우디를 너무 좋아하다가 생일선물로 받은 버즈에게 빠져 우디를 긴장하게 합니다. 장난감을 소중하게 여기며 좋아하는 장난감에는 자기 이름 『ANDY』라고 써 놓는답니다.

랏소 Lotso

햇빛마을 보육원 장난감들의 우두머리. 귀엽게 생긴 곰 인형이지만 그의 주인이었던 여자아이에게서 버림을 받았다고 생각하여 타락합니다. 그래서 지금은 보육원에서 다른 장난감들에게 온갖 횡포를 저지르며 독재를 하는 천하의 악당이 되었네요.

보니 Bonnie

앤디의 이웃집 여자아이. 수줍은 성격이지만 착하고 장난감들과 역할극을 하며 노는 것을 좋아해요. 앤디가 대학으로 가기 전 어린 시절 자신이 가지고 놀던 장난감들을 모두 보니에게 주며 그들을 잘 부탁한다고 하며 떠납니다.

We'll always be there for him.

우린 늘 그와 함께할 거야.

이젠 더 이상 어린아이가 아닌 앤디, 마지막으로 장난감들과 놀아준 게 언제였는지 기억도 안 날 정도네요. 곧 대학생이 되어 기숙사로 떠나는 앤디가 과연 다락방에서 그들을 꺼내어 같이 데려갈까요?

 The racecar track. Thank you!

 And the old TV.

 There you go,* the old TV. And those guys from the Christmas decorations box. They're fun, right?

 Yeah.

 And someday, if we're lucky, Andy may have kids of his own.

 And he'll play with us then, right?

 We'll always be there for him.

우디 레이스카 트랙. 고마워!

슬링키 그리고 옛날 TV도 있지.

우디 그래 맞아. 오래된 TV. 그리고 그 크리스마스 장식할 때 쓰이는 게네들도 있잖아. 게들 되게 재밌어, 그지?

Mrs. 포테이토 헤드 맞아.

우디 그리고 언젠가, 우리가 운이 좋으면, 앤디가 결혼해서 아이들이 생길 수도 있고.

렉스 그땐 그가 우리와 놀아주겠지, 그지?

우디 우린 늘 그와 함께할 거야.

* **There you go.**
'그래 맞아.' 상대방이 무엇인가를 제대로 해냈을 때 '바로 그거야, 잘했어'라는 의미로도 쓰이고, 무엇인가를 주면서 '자, 여기 받아'라고 할 때도 쓰여요.

영화 속 명대사로 말하기

영화 속 명대사를 활용하여 실생활에서 쓸 수 있는 표현을 익혀보세요.

1 And those guys **from** the Christmas decorations box.
그리고 그 크리스마스 장식할 때 쓰이는 걔네들도 있잖아.

from은 다양한 의미가 있는 전치사인데 대표적으로 '~부터' 라는 뜻이 있죠. 여기서는 '~에서 나온' 즉 출처를 나타냈습니다. '크리스마스 장식 박스에서 나온 ~'이죠. those guys (그 사람들)을 여기서는 그들(장난감)과 동일시 해서 '걔네들'이라고 표현했네요.

He was removed **from** school. 그는 학교에서 퇴학당했다.
I learned a lot **from** books. 저는 책에서 많은 것을 배웠습니다.

2 Someday, if we're lucky, Andy may have kids **of his own**.
언젠가, 우리가 운이 좋으면, 앤디가 결혼해서 아이들이 생길 수도 있고.

자신도 ~을 소유하고 있다는 사실을 강조할 때는 of one's own이라는 표현을 써요. 예를 들어, '나는 나만의 집이 있다, 나도 집을 소유하고 있다'라고 할 때는 I have a house of my own. 이라고 하고 '나에게도 자녀가 있다'라고 할 때는 I have kids of my own. 이렇게 말한답니다.

When you have a family **of your own**, perhaps you'll understand.
너에게도 너만의 가족이 생기면 어쩌면 이해할 수 있게 될 거야.

I have a dream **of my own**. 나에게도 나만의 꿈이 있어요.

3 We'll always **be there for** him.
우린 늘 그와 함께할 거야.

누군가에게 특별히 잘해주려고 애쓰는 것도 좋지만 그 무엇보다 더 소중한 것은 늘 함께 있어주는 것이지요. 이렇게 누군가를 위해 함께 있어주는 것을 표현할 때 be there for someone이라는 패턴을 사용한답니다. 항상 함께한다고 할 때는 always를 넣어서 always be there for someone이라고 하고요.

I'll **be there for** you whenever you need me.
네가 나를 필요로 할 때면 언제든 난 너와 함께 있을게.

Promise you'll always **be there for** me. 나랑 늘 함께하겠다고 약속해 줘.

All day long. Five days a week.

하루 종일. 일주일에 5일씩 놀아준답니다.

보육원으로 옮겨진 앤디의 장난감들은 보육원에 있는 장난감들과의 만남에 들떠있어요. 보육원 장난감 중 대장인 곰 인형 랏소와도 첫인사를 나눕니다. 매일 아이들과 놀 수 있다는 랏소의 말에 장난감들을 날아오를 듯이 좋아합니다.

 Mr. Lotso, do toys here **get played with*** every day?

 All day long. Five days a week.

 But what happens when the kids grow up?

 Well, now, I'll tell ya. When the kids get old, new ones come in. When they get old, new ones replace them. You'll never be outgrown or neglected, never abandoned or forgotten. No owners means no heartbreak.

 It's a miracle.

렉스 랏소씨, 여기 있는 장난감들은 어린 이들이 매일 놀아주나요?

랏소 하루 종일. 일주일에 5일씩 놀아준답니다.

제시 하지만 아이들이 크면 어떻게 되는 거예요?

랏소 자, 내 얘기를 들어보세요. 아이들이 자라면 새로운 아이들이 들어옵니다. 그리고 또 그 아이들이 자라면 다른 새로운 아이들이 그들을 대체하지요. 아이들이 너무 커 버리거나 소홀히 여김을 받거나 버려지거나 잊혀질 일은 절대 없을 거예요. 주인이 없다는 말은 상처도 없다는 말이니까요.

Mrs. 포테이토 헤드 기적이로군요!

---

* **get played with**
'놀이대상이 되는' play with something은 '~을 가지고 놀다'라는 의미인데 수동형으로 쓰여서 get played with라고 하면 '누군가가 (장난감 따위를) 가지고 놀다'의 의미랍니다. 예를 들어, Good toys get played with often. '좋은 장난감은 자주 (아이들이) 가지고 논다' 이렇게 쓰여요.

영화 속 명대사로 말하기

영화 속 명대사를 활용하여 실생활에서 쓸 수 있는 표현을 익혀보세요.

1 All day long. Five **days a week**.
하루 종일. 일주일에 5일씩 놀아준답니다.

'하루 종일'은 all day라고 할 수도 있고 all day long이라고 할 수도 있어요. 일주일에 며칠씩을 표현할 때는 〈숫자 + day(s) + a week〉이라고 하면 된답니다. 참고로, 일주일에 몇 회씩이라고 말하려면 〈숫자 + time(s) + a week〉 형식으로 표현해 주세요.

We get together two **days a week**. 우리는 일주일에 이틀씩 만나.
How many **days a week** do you go to work? 일주일에 며칠씩 직장에 나가니?

2 You'll never be **outgrown** or neglected, never abandoned or forgotten.
아이들이 너무 커 버리거나 소홀히 여김을 받거나 버려지거나 잊혀질 일은 절대 없을 거예요.

outgrow는 기본적으로 '(옷보다 사람의 몸이) 너무 커져 맞지 않게 되다'라는 의미인데, 조금 더 발전시키면 '너무 커져서 더 이상 ~을 하지 않게 되다'라는 의미가 되죠. 여기에서는 아이들이 너무 커져 장난감들이 그 나이에 가지고 놀기에는 어울리지 않게 되는 것을 표현했네요. neglect는 '소홀히 여기다', abandon은 '버리다/버리고 떠나다/유기하다'라는 의미로 쓰이는 동사입니다.

I've **outgrown** my school uniform. 내가 너무 커버려서 이제 학교 교복이 안 맞아요.
She **outgrew** her fear of the dark. 그녀는 나이가 들면서 더 이상 어둠에 대해 두려워하지 않게 되었다.

3 No owners **means no** heartbreak.
주인이 없다는 말은 상처도 없다는 말이니까요.

〈No + 명사 + means + no + 명사〉는 '~가 없다는 것은 ~가 없다는 것을 의미한다'라는 의미예요. 더 간단하게 중간에 있는 means를 빼고 〈No + 명사 + no + 명사〉를 써도 비슷한 의미로 쓸 수 있는데 이 경우에는 '~가 없으면 ~도 없다'라고 해석할 수 있답니다.

No work **means no** pay. 일하지 않는다는 것은 월급도 없다는 것을 의미한다.
No pain **no** glory. 고통 없이는 영광도 없지.

영화 속 명대사 필사하기

명대사를 따라 적으며 아름다운 명대사를 마음에 새겨보세요.

And someday, if we're lucky, Andy may have kids of his own.
그리고 언젠가, 우리가 운이 좋으면, 앤디가 결혼해서 아이들이 생길 수도 있고.

And he'll play with us then, right?
그땐 그가 우리와 놀아주겠지, 그지?

All day long. Five days a week.
하루 종일. 일주일에 5일씩 놀아준답니다.

But what happens when the kids grow up? 하지만 아이들이 크면 어떻게 되는 거예요?

We wouldn't even be together if it weren't for Andy!

앤디가 아니었다면 우린 이렇게 같이 있지도 못했을 거야!

앤디에게 돌아가면 버림받게 될 것이라고 우려하는 장난감들은 차라리 보육원에 남겠다고 하네요. 우디는 그들을 설득해서 다시 앤디네 집으로 돌아가자고 합니다.

 We wouldn't even be together if it weren't for Andy! Look under your boot, Buzz. You, too, Jessie. **Whose name is written there?** *

 Maybe Andy doesn't care about us anymore.

 Of course he does. He cares about all of you! He was putting you in the attic. I saw. You can't just turn your back on him now!

우디 앤디가 아니었다면 우린 이렇게 같이 있지도 못했을 거야! 네 부츠 바닥을 봐, 버즈. 제시, 너도. 거기에 누구의 이름이 쓰여 있니?

렉스 어쩌면 앤디는 더 이상 우리에게 관심이 없는 걸지도 몰라.

우디 당연히 관심이 있지. 앤디는 너희들 모두에게 관심이 있어! 너희들을 다락에 보관하려고 했다고. 내가 봤어. 이제 와서 너희들이 그에게 등을 돌리면 안 되는 거야!

* **Whose name is written there?**
'거기에 누구의 이름이 쓰여 있니?' '쓰여 있다'라고 말하고 싶을 때는 〈be동사 + written〉이라고 해요. 예를 들어, What's written there? '거기에 뭐라고 쓰여 있니?', Nothing is written '아무것도 쓰여 있지 않아' 이런 식으로 표현할 수 있지요.

영화 속 명대사로 말하기

영화 속 명대사를 활용하여 실생활에서 쓸 수 있는 표현을 익혀보세요.

1. We wouldn't even be together **if it weren't for** Andy!
앤디가 아니었다면 우린 이렇게 같이 있지도 못했을 거야!

'~가 아니었다면, ~덕분이 아니었다면'이라는 표현을 하고 싶을 때는 〈if it weren't for ~〉 패턴을 활용해 주세요. 예를 들어, '네가 아니었다면 난 여기에 오지 못했을 거야' If it weren't for you, I wouldn't be here. 이렇게 쓰인답니다.

If it weren't for that medicine, I would never have gotten better.
그 약이 아니었으면 난 절대 낫지 못했을 거야.

If it weren't for his help, I would have gone mad. 그의 도움이 아니었다면 난 미쳐버렸을 거야.

2. **Of course** he does.
당연히 그는 관심이 있지.

Of course에 '주어 + 동사'를 붙이는 경우에는 '(상대방의 말에 대해 호응 혹은 반박하며) 당연히 ~하지, 안 그렇지'라고 해석이 된답니다. 예를 들어, 상대방이 You don't like me. '넌 날 싫어하는구나'라고 할 때 Of course I do!라고 대답하면 '(무슨 소리야) 당연히 좋아하지!' 이렇게 쓸 수 있어요.

A : Am I not pretty? 나 안 예뻐?
B : **Of course** you are! 당연히 예쁘지!

3. You can't just **turn your back on** him now!
이제 와서 너희들이 그에게 등을 돌리면 안 되는 거야!

우리말로도 등을 돌린다고 하면 상대방을 더 이상 좋아하거나 신뢰하지 않고 외면하고 거부한다는 뜻인 것처럼 영어로도 turn one's back on someone은 '~에게 등을 돌리다, 외면하다, 배신하다'라는 의미로 쓰인답니다.

Don't **turn your back on** me! 나를 외면하지 마!
People who you call friends **turn their backs on** you.
당신이 친구라고 부르는 사람들이 당신에게 등을 돌린다/배신한다.

Something snapped. She replaced us.
마음속 무엇인가가 한순간에 무너진 거야. 그녀는 우리를 다른 장난감들로 대체했거든.

처클스는 랏소가 왜 이렇게 심하게 비뚤어진 성격의 소유자가 되었는지를 장난감들에게 이야기해 줍니다. 그가 주인에게 버려졌던 과거 이야기를 들으면 그를 이해하게 될지도 몰라요.

 Daisy loved us all. But Lotso, Lotso was special. They did everything together. You've never seen a kid and a toy more in love. One day, we took a drive. **Hit a rest stop.**＊
Had a little playtime. After lunch, Daisy fell asleep. She never came back.
Lotso wouldn't give up. It took forever, but we finally made it back to Daisy's.
But by then, it was too late. Something changed that day inside Lotso.
Something snapped. She replaced us.
Come on!

처클스 데이지는 우리 모두를 사랑했지. 하지만, 랏소, 랏소는 특별했어. 그들은 모든 것을 함께 했어.
아이와 장난감이 그렇게까지 서로를 사랑하는 것은 정말 드문 일이지. 어느 날, 우리는 드라이브에 나섰어. 휴게소에 들렀지. 잠시 노는 시간을 가졌어. 점심 이후에 데이지는 잠이 들었지. 그리고 그녀는 다시는 돌아오지 않았다네.
랏소는 절대 포기할 줄 몰랐지. 정말 오래 걸려서 우리는 마침내 데이지의 집에 돌아올 수 있었어.
하지만 이미 그땐 늦고 말았어. 그날 랏소의 마음속에서 뭔가 변화가 일어났지.
마음속 무엇인가가 한순간에 무너진 거야. 그녀는 우리를 다른 장난감들로 대체했거든. 오 이런!

＊ **Hit a rest stop.**
'휴게소에 들렀지' 고속도로 휴게소를 영어로는 Rest area 혹은 Rest stop이라고 해요. hit이라는 동사는 기본적으로 '치다, 때리다'라는 의미이지만 구어체에서 쓰일 때는 어떤 장소에 '닿다, 이르다'라는 의미로 쓰이기도 한답니다.

영화 속 명대사로 말하기

영화 속 명대사를 활용하여 실생활에서 쓸 수 있는 표현을 익혀보세요.

1 **You've never seen** a kid and a toy more in love.
아이와 장난감이 그렇게까지 서로를 사랑하는 것은 정말 드문 일이지.

여기에서 주어로 쓰인 You는 '너'를 지칭하는 것이 아니라 일반적인 사람들 모두를 지칭하는 것이에요. You've never seen이 문장 안에 들어가면 '그런 건 단 한 번도 본 적이 없을 거야, 정말 굉장한 일이야'라는 의미로 해석된답니다.

I'll show you the pictures **you've never seen** before.
네가 평생 절대 한 번도 못 봤을 만한 사진들을 보여줄게.
You've never seen magic like this before. 이런 마술은 평생 한 번도 본 적이 없을 거야.

2 It **took forever**, but we finally made it back to Daisy's.
정말 오래 걸려서 우리는 마침내 데이지의 집에 돌아올 수 있었어.

시간이 아주 오래 걸리는 것을 take a very long time이라고 하죠? 그것을 더 극단적으로 과장하고 싶을 때는 take forever라고 표현한답니다. make it은 '(힘든 일 따위)를 이루다, 어렵게 특정 장소에 도착/도달하다'라는 의미로 쓰이는 숙어인데, 여기에서는 made it back '어렵게/가까스로 되돌아왔다'라는 형식으로 쓰였네요.

It's **taking forever** to lose weight. 살 빼는 데 정말 인간적으로 너무 오랜 시간이 걸린다.
It **took forever** to find the last piece! 마지막 조각을 찾는 데 정말 오래 걸렸어!

3 Something **snapped**.
뭔가 한순간에 무너진 거야.

snap은 기본적으로 나뭇가지가 탁/똑 하고 부러지는 것을 묘사하거나 찰칵, 딸까닥, 탁 하는 소리를 내며 재빨리 움직이는 것을 묘사할 때 쓰이는데, 갑자기 화를 내거나 감정이 폭발하거나 한순간에 무너지는 것을 표현할 때도 쓰인답니다. 이 문맥에서는 랏소의 감정이 한순간에 폭발해서 억장이 무너져버렸다는 의미로 쓰였네요.

My patience finally **snapped**. 내 인내심이 결국 한계를 드러내고 말았지.
He **snapped** at me for no reason. 그는 아무 이유 없이 갑자기 나에게 호통을 쳤다.

영화 속 명대사 필사하기

명대사를 따라 적으며 아름다운 명대사를 마음에 새겨보세요.

We wouldn't even be together if it weren't for Andy! Look under your boot, Buzz. You, too, Jessie. Whose name is written there?

앤디가 아니었다면 우린 이렇게 같이 있지도 못했을 거야. 네 부츠 바닥을 봐, 버즈. 제시, 너도. 거기에 누구의 이름이 쓰여 있니?

But by then, it was too late. Something changed that day inside Lotso.

하지만 이미 그땐 늦고 말았어. 그날 랏소의 마음속에서 뭔가 변화가 일어났지.

We're all just trash, waiting to be thrown away! That's all a toy is!

우린 모두 그저 내버려지기를 기다리는 쓰레기일 뿐이야! 장난감이란 건 결국 그런 존재라고!

랏소는 앤디의 장난감들을 추격하다가 막다른 골목에 이르게 되고 결국 자신의 심복이던 빅베이비에게 붙잡혀 비참하게 처형당하기 일보 직전입니다. 랏소의 설움이 폭발하는 장면입니다.

 She loved you, Lotso.

 She never loved me.

 As much as any kid ever loved a toy.

 Mama.

 What? You want your mommy back? She never loved you.
Don't be such a baby!* Push 'em in. All of 'em!
This is what happens when you dummies try to think.
We're all just trash, waiting to be thrown away! That's all a toy is!
Hey, stop it! Put me down, you idiot!

우디 그녀는 널 사랑했어, 랏소.

랏소 그녀는 날 사랑한 적이 없어.

우디 아이가 장난감에게 줄 수 있는 사랑은 다 주었다고.

빅베이비 엄마.

랏소 뭐야? 너희 엄마한테 돌아가고 싶어? 그녀는 널 단 한 번도 사랑한 적이 없다고.
어리광 부리지 매! 그들을 밀어 넣어. 모두 다!
너희 같은 멍청한 것들이 생각이라는 것을 하려고 하면 결국 이렇게 되고 마는 거야.
우린 모두 그저 내버려지기를 기다리는 쓰레기일 뿐이야! 장난감이란 건 결국 그런 존재라고!
야, 멈춰! 날 내려놔, 이 멍청아!

***** Don't be such a baby!
'어리광 부리지 매!' 상대방이 엄살 부리거나 어리광을 부리면 어린 애처럼 그러지 말라고 하며 꾸짖을 때 쓰는 표현이에요. 특히 울면서 엄살을 부리면 Baby 앞에 cry를 넣어서 Don't be such a cry-baby! 라고 말하기도 합니다.

영화 속 명대사로 말하기

영화 속 명대사를 활용하여 실생활에서 쓸 수 있는 표현을 익혀보세요.

1 **This is what happens when** you dummies try to think.
너희 같은 멍청한 것들이 생각이라는 것을 하려고 하면 결국 이렇게 되고 마는 거야.

dummy는 '마네킹, 인체모형'이라는 의미로 쓰이기도 하고 구어체에서는 '멍청이, 바보'라는 의미로도 자주 쓰여요. 〈This is what happens when ~〉은 '~하면 결국 이렇게 되고 마는 것이다'라는 패턴으로 활용해 주세요.

This is what happens when you mess with me. 나한테 까불면 결국 이렇게 되고 마는 거란다.
This is what happens when you don't listen to your parents.
부모님 말씀을 듣지 않으면 결국 이렇게 되고 마는 거야.

2 We're all just trash, waiting to be **thrown away**!
우린 모두 그저 내버려지기를 기다리는 쓰레기일 뿐이야!

throw away는 '(더 이상 필요 없는 것을) 내버리다, 없애다'라는 뜻이에요. '그거 버려'라고 할 때는 throw it away!라고 말합니다. 위의 문장에서처럼 수동형으로 be thrown away라고 쓰면 '버려짐을 당하는, 내버려지는'이라고 해석할 수 있겠네요.

This old desk should be **thrown away**. 이 낡은 책상은 버려야 해.
Don't **throw away** the opportunity of a lifetime!
평생에 한 번 올까 말까 하는 이 기회를 차버리지 마라!

3 **That's all** a toy is!
장난감이란 건 결국 그런 존재라고!

장난감이란 존재는 결국 주인에게서 버려지는 존재라고 외치는 표현이에요. 이 표현과 같은 맥락으로 자조적인 뉘앙스로 '우리는 그 정도밖에 안 되는 존재야, 별것 아니야'라고 할 때 That's all we are!라고 할 수가 있어요.

He's just a child. **That's all** he is. 그는 그냥 어린 애일 뿐이야. 그게 전부라고.
We are entertainers. **That's all** we are. 우리는 연예인들이야. 우린 그런 존재일 뿐이라고.

He'll be there for you, no matter what.
그는 세상 그 무슨 일이 있어도 너와 함께할 거야.

마침내 앤디가 대학교 기숙사로 들어가야 하는 날이 되었네요. 앤디는 기숙사에 들어가기 전 장난감들을 어떻게 해야 할지 고민하다가 이웃집 아이 보니라면 장난감들의 새로운 주인이 되어도 좋겠다고 마음을 먹고 그들을 소개합니다.

 Now, Woody, he's been my pal for as long as I can remember.
He's brave, like a cowboy should be. And kind. And smart.
But the thing that makes Woody special is he'll never give up on you. Ever.
He'll be there for you, **no matter what.**＊
You think you can take care of him for me? Okay then.

앤디 이제, 우디 차례야. 얘는 정말 오랫동안 내 친구였어.
카우보이답게 용감해. 그리고 친절하고, 똑똑하지.
하지만 우디를 더욱 특별하게 만드는 것은 그는 절대 널 포기하지 않는다는 거야. 절대로.
그는 세상 그 무슨 일이 있어도 너와 함께 할 거야.
나를 대신해서 그를 돌봐줄 수 있겠니? 좋아 그럼.

＊ **no matter what**
'그 무슨 일이 있어도' 어떤 일이 있더라도 무조건이라는 의미로 쓰이는 이 표현은 no matter what happens를 줄인 표현이라고 보면 이해하기가 쉬울 거에요. no matter '상관없이', what happens '무슨 일이 일어나건'을 붙여 놓고 끝에서 살짝 happens를 뺐다고 보시면 되겠네요.

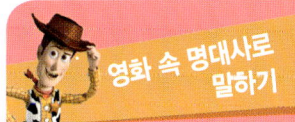

영화 속 명대사로 말하기   영화 속 명대사를 활용하여 실생활에서 쓸 수 있는 표현을 익혀보세요.

1   Now, Woody, he's been my pal **for as long as I can remember.**
이제, 우디 차례야. 얘는 정말 오랫동안 내 친구였어.

'아주 오랫동안'을 for a very long time 혹은 for so many years라고 표현하는 것이 식상하다면 for as long as I can remember를 기억해 두었다가 꼭 활용해 주세요. 생각보다 꽤 자주 쓰이는 표현이에요.

We've known each other **for as long as I can remember.**
우리 알고 지낸 지 정말 오래됐어.

I've been living here **for as long as I can remember.**
나 여기 정말 오래 살았어.

2   He's brave, like a cowboy **should be.**
카우보이답게 용감해.

A cowboy should be brave. And he's a cowboy. So he's brave. '카우보이는 용감해야 하지. 그리고 그는 카우보이야. 그래서 그는 용감하지' 이렇게 긴 표현을 간결하고 명료하게 표현했네요. 이와 비슷한 문장들을 아래에서 살펴볼게요.

You are smart, like a scientist **should be.**   넌 과학자답게 똑똑하구나.
He's built, like a bodybuilder **should be.**   그는 보디빌더답게 몸이 좋다.

3   But **the thing that makes** Woody **special** is he'll never **give up on you.** Ever.
하지만 우디를 더욱 특별하게 만드는 것은 그는 절대 널 포기하지 않는다는 거야. 절대로.

The thing that makes someone special은 '~를 특별하게 만드는 것'이라는 의미로 쓸 수 있는 패턴화된 표현이고, give up on someone은 '~에 대한 기대를 버리다, 단념하다'라는 의미예요. 여기에서 중요한 것은 전치사가 on이니 잘 기억해 주세요.

The thing that makes him special is that he never judges anyone.
그가 남들과 다른 것이 있다면 그는 절대 남을 판단하지 않는다는 것이야.

Don't **give up on** me!   나를 단념하지 마! (나에 대한 기대를 버리지 마)

영화 속 명대사 필사하기

명대사를 따라 적으며 아름다운 명대사를 마음에 새겨보세요.

She loved you, Lotso.
그녀는 널 사랑했어, 랏소.

She never loved me.
그녀는 날 사랑한 적이 없어.

As much as any kid ever loved a toy.
아이가 장난감에게 줄 수 있는 사랑은 다 주었다고.

But the thing that makes Woody special is he'll never give up on you. Ever.
하지만 우디를 더욱 특별하게 만드는 것은 그는 절대 널 포기하지 않는다는 거야. 절대로.

토이 스토리 3

수천 개의 알록달록한 풍선에 매달려 날아가는 집, 픽사의 열 번째 장편 애니메이션 〈업〉을 떠올리면 생각나는 장면입니다. 〈업〉은 사랑하는 아내를 잃고, 아내의 꿈을 이루기 위해 파라다이스 폭포를 찾아 떠나는 괴팍한 노인 칼과 그 여정에 함께하는 천진난만한 소년 러셀의 모험담입니다. 제작진이 영화를 만들 당시, 스토리도 만들기 전에 '풍선 달린 집'의 이미지부터 먼저 떠올렸다고 해요. 그 집에 어떤 사연이 있을까를 상상하며 〈업〉의 이야기를 완성해 나간 거죠. 이 영화의 백미는 영화 초반 10분인데요, 칼과 엘리의 풋풋한 첫 만남, 알콩달콩한 결혼생활, 그리고 나이가 들어 세상을 떠나는 엘리와 홀로 남겨진 칼의 이야기를 대사 하나 없이 음악과 영상만으로 아름답게 표현해내죠. 영화를 보고 나서 펑펑 울었다는 관객들이 대다수였다는 걸 보니, '어른들을 위한 동화'가 바로 이런 것이 아닐까 싶네요.

이 영화는 선명하고 알록달록한 색채감에 디지털 3D 방식의 원근감과 입체감이 더해져 픽사의 어떤 애니메이션보다도 빼어난 영상미를 자랑합니다. 이러한 작품성을 인정받아, 2009년 칸국제영화제에서는 애니메이션으로서는 최초로 개막작으로 선정되었으며 2010년 골든글로브와 아카데미 시상식에서 장편 애니메이션 상을 받았습니다. 자, 이제 아름다운 파라다이스 폭포를 향한 여행을 함께 시작해 볼까요?

등장인물 소개 Main Characters

칼 Carl

소꿉친구 엘리와 알콩달콩 사랑을 키워나가다 결혼까지 골인하며 평생을 함께 보낸 순애보입니다. 엘리가 먼저 하늘나라로 떠난 후, 엘리와의 약속을 지키기 위해 파라다이스 폭포로 떠나죠. 무뚝뚝해 보이지만 마음 따뜻한 할아버지랍니다.

러셀 Russell

칼과 같은 동네에 사는 귀여운 야생 탐사대원입니다. 어르신에게 한가지 선행을 해야 야생 탐사대 훈장 배지를 얻을 수 있기 때문에 칼을 찾아와 귀찮게 하죠. 어쩌다 보니 칼의 여행에 동행하게 됩니다.

엘리 Ellie

어릴 때부터 대모험가가 되는 꿈을 꾸던 유쾌 발랄하며 당찬 소녀였던 엘리는 칼과 행복하게 살다가 먼저 세상을 떠나게 됩니다. 어린 시절부터 간직해 왔던 '나의 모험 책'을 칼에게 선물하죠.

찰스 먼츠 Charles Muntz

칼과 엘리에게 파라다이스 폭포에 대한 꿈을 심어 준 선대의 대모험가입니다. 사기꾼이라는 누명을 벗기 위해 평생 거대 새(케빈)를 찾아다니죠. 하지만 대단한 반전을 가진 인물입니다.

You and me, we are in a club now!

너랑 나, 우린 이제 같은 클럽 소속이야!

칼과 엘리의 운명적인 첫 만남입니다. 칼이 풍선을 찾아 폐가에 들어갔는데 갑자기 선머슴 같은 여자아이가 나타나 겁을 줍니다. 여긴 함부로 들어오면 안 된다고 말이에요. 그러더니 별안간 클럽 가입을 허락하네요.

What are you doing?
Don't you know this is an exclusive club?
Only explorers get in here, not just any kid off the street with a helmet and a pair of goggles!
You think you got what it takes? Do you?

I...

All right, **you're in!*** Welcome aboard!
What's wrong? Can't you talk?
Hey, I don't bite.
You and me, we are in a club now!

엘리 뭐 하는 거야?
여긴 특별한 사람들만 들어올 수 있는 클럽인 거 몰라?
탐험가들만 들어올 수 있어. 그냥 헬멧하고 고글 쓰고 동네 돌아다니던 꼬마가 들어올 수 있는 데가 아니라고.
네가 자격이 있다고 생각하지? 그렇지?

칼 난...

엘리 좋아, 너도 받아줄게, 클럽에 들어온 걸 환영한다!
왜 그래? 말 못하니?
야, 나 안 물어.
너랑 나, 우린 이제 같은 클럽 소속이야!

★ **You're in!**
누군가 어떤 모임이나 일에 함께 하고자 할 때, 기존 멤버로서 '너를 받아줄게', '너도 이제 우리 회원이야'라고 말하는 표현입니다. 내가 참여하려는 입장이라면 'I'm in!' 이라고 하면 되죠.

영화 속 명대사로 말하기

영화 속 명대사를 활용하여 실생활에서 쓸 수 있는 표현을 익혀보세요.

1 Don't you know this is an **exclusive** club?
여긴 특별한 사람들만 들어올 수 있는 클럽인 거 몰라?

exclusive는 '배타적인', '독점적인'이라는 의미의 형용사입니다. exclusive club이라고 하면 아무나 들어올 수 없는 배타적인 클럽이라는 뜻이죠. 뉴스 보도를 할 때 특종이라고 하면서 exclusive라는 표현을 자주 쓰는데요. 타 방송사에서는 볼 수 없는 독점 뉴스라는 의미예요.

We will have an **exclusive** interview with the CEO of Pixar Inc.
우리는 픽사의 경영주와 독점 인터뷰를 할 것입니다.

Jack and I are in an **exclusive** relationship.
잭과 나는 특별한 관계(다른 이성과는 만나지 않는 독점적인 관계)야.

2 You think you **got what it takes**?
네가 자격이 있다고 생각하지?

〈It takes + 시간, 돈, 에너지, 능력〉은 '무엇을 하는데 시간, 돈, 에너지, 능력이 요구된다'는 표현이에요. 더 나아가 〈have/got what it takes〉는 '~을 할만한 자격이나 능력이 되다, 자질을 갖추다'라는 의미의 관용적인 패턴이랍니다.

I've **got what it takes**. 난 그런 것을 할만한 능력(자격)이 있어.
I don't think I **have what it takes** to be a teacher. 난 선생이 될 만한 자질이 없는 것 같아.

3 Welcome aboard!
클럽에 들어온 걸 환영한다!

비행기나 배, 혹은 차에 탑승/승선했다는 것을 표현할 때 aboard라는 형용사를 씁니다. 탑승해 있는 상태일 때는 〈be동사 + aboard〉로 표현하고, 관용적으로 All aboard! 혹은 Everyone aboard! '전원 탑승!'을 많이 쓰지요. 비행기나 배에 오르는 것이 아니더라도 클럽 등에 가입하는 상황에도 쓰인답니다.

A : I joined the math team yesterday. 어제 수학클럽에 가입했어.
B : **Welcome aboard!** 클럽에 들어온 걸 환영해!

Cross your heart!
가슴에 십자가를 그리며 맹세해!

엘리는 칼에게 지금껏 아무에게도 얘기하지 않았던 꿈을 얘기해요. 언젠가는 꼭 파라다이스 폭포에 가보고 싶다고 말이죠. 말도 많고 당찬 엘리는 말없이 자신의 말을 잘 들어주는 칼이 좋아집니다. 어머나, 거침없이 좋아한다고 고백을 하네요.

Only... I just don't know how I'm gonna get to Paradise Falls.
That's it! You can take us there in a **blimp**!*
Swear you'll take us there! Cross your heart! Cross it! Cross your heart!
Good, you promised. No backing out!
Well, see you tomorrow, kid. Bye!
Adventure is out there!
You know, you don't talk very much. I like you.

엘리 단지 문제는… 내가 파라다이스 폭포에 어떻게 가는지 모른다는 거야.
그래 바로 그거야! 네가 우리를 비행선으로 그곳에 데리고 가는 거야.
우리를 데리고 가겠다고 맹세해! 가슴에 십자가를 그리며 맹세해! 어서 맹세해! 맹세하라고!
좋아, 약속한 거야. 나중에 딴소리 하면 안 돼!
그럼 내일 보자고, 꼬마야. 안녕! 모험이 그대를 기다리고 있네!
있잖아. 너 참 말수가 적구나. 나 네가 좋아.

칼 우와!

Wow!

---

* **blimp**
옆으로 길쭉하게 생긴 비행선을 blimp라고 하는데요. 야구장 같은 대형 운동경기장 위에 이 모양의 풍선을 띄워 광고용으로 많이 쓰죠. 보통 이것을 '에드벌룬'이라고 부르는데 이것은 콩글리시예요. blimp나 advertising balloon 이라고 한답니다.

1 Swear you'll take us there!
우리를 데리고 가겠다고 맹세해!

Swear는 '욕을 하다'라는 의미도 있지만 '맹세하다'라는 뜻으로도 자주 쓰이는 동사입니다. 이 대사에서는 '맹세하다'라는 의미로 쓰였네요. 의미를 더 강조하고 싶을 땐 swear 뒤에 to God를 넣어서 swear to God이라고 하기도 합니다.

I **swear** to God he was there. 정말 맹세코 그가 거기 있었다니까.
I **swear** I won't cry. 난 맹세코 울지 않을 거야.

2 Cross your heart!
가슴에 십자가를 긋고 맹세해!

어린아이들이 자신이 한 말이 진심이라는 것을 맹세한다고 할 때 cross my heart!라고 말한답니다. 원래는 Cross my heart and hope to die. (가슴에 십자가를 긋고 맹세해, 이 약속 어기면 죽어도 좋아)라는 긴 표현인데 짧게 cross my heart라고 하지요. 상대방에게 명령형으로 말할 때는 엘리처럼 cross your heart!라고 하면 되죠.

I like you, not Erica. **Cross my heart!** 내가 좋아하는 사람은 너야. 에리카가 아니고. 맹세해!
I'm telling you the absolute truth. **Cross my heart!** 정말 사실이라니까. 맹세해!

3 No backing out!
나중에 딴소리 하면 안 돼!

back out은 '원래 하기로 약속했던 것을 번복하다' 또는 '하기로 했던 것에서 빠지다'라는 의미의 관용적인 표현입니다. 뒤에 전치사 of를 넣어서 〈back out of + 명사〉 형식으로 쓸 수도 있답니다.

I decided to **back out** of the deal at the last minute.
원래 계약하려고 했는데 마지막 순간에 안 하기로 했어.
I promised to help and I'm not **backing out** now.
도와주기로 약속했으니 이제 와서 딴소리하진 않을 거야.

영화 속 명대사 필사하기

명대사를 따라 적으며 아름다운 명대사를 마음에 새겨보세요.

You think you got what it takes? Do you?
네가 자격이 있다고 생각하지? 그렇지?

I... 난…

All right, you're in! Welcome aboard!
좋아, 너도 받아줄게. 클럽에 들어온 걸 환영한다!

You can take us there in a blimp!
네가 우리를 비행선으로 그곳으로 데리고 가는 거야!

Swear you'll take us there! Cross your heart!
우리를 데리고 가겠다고 맹세해! 가슴에 십자가를 그리며 맹세해!

74

Ellie, it's so beautiful! We made it!
엘리, 너무 아름다워! 우리는 해냈어!

우여곡절 끝에 드디어 칼과 러셀은 엘리가 평생 꿈꿔 오던 바로 그곳 파라다이스 폭포에 도착하는데. 더없이 아름답고 신비로운 이 땅에서 과연 그들에게는 앞으로 어떤 일이 벌어질까요?

 Ellie, it's so beautiful! We made it!
We made it! Russell, we can **float*** right over there.
Climb up, climb up!

 Do you mean… assist you?

 Yeah, whatever.

 Ok, I'll climb up!

 Watch it!

 Sorry.

 When you get up there, go ahead and hoist me up. Got it?
…Are you on the porch yet?
What? That's it?
I came all this way here to get stuck on the wrong end of this rock pile?

칼 엘리, 너무 아름다워! 우리가 해냈어! 우리가 해냈다고! 러셀, 바로 저쪽으로 떠가면 돼.
타고 올라가. 올라가라고!

러셀 아, 그러니까 도와달라는 말씀이시죠?

칼 그래, 뭐가 됐건.

러셀 네, 올라갈게요!

칼 조심해!

러셀 죄송해요.

칼 네가 거기로 올라가면, 나를 밧줄로 끌어올려라. 알겠지?
현관에 다다랐니? 뭐야? 그것밖에 못 갔어? 내가 지금 꿈에도 그리던 이곳까지 와서 목표지점의 반대편에 있는 돌무더기에 갇혀 있다는 게 말이 되는 거니?

* **float**
'(물 위나 공중에서) 떠다니다, 뜨다' 공중이나 물 위에 둥둥 떠 있는 모습을 연상하면 돼요. Float는 '떠다니다'라는 의미로 움직임을 표현하기도 하고 움직이지 않고 가만히 떠 있는 모습을 표현하기도 한답니다.

영화 속 명대사로 말하기

영화 속 명대사를 활용하여 실생활에서 쓸 수 있는 표현을 익혀보세요.

1 We **made it**!
우리는 해냈어!

절대 쉽지 않은 무엇인가를 이루어냈을 때 쓰는 표현이에요. 상황에 따라서 어떤 장소에 무사히 늦지 않게 잘 도착했을 때도 자주 쓰입니다. 예를 들어, 친구가 일이 있어서 모임에 참석하기 어려울 줄 알았는데 결국 오게 되었을 때 You made it! (와 주었구나!)라고 하면서 환영한답니다.

I didn't think I could make it. But I **made it**!
내가 해낼 수 있을 거라고 생각하지 못했는데, 결국은 해냈어!

He **made it** to the top. 그녀는 결국 정상의 자리까지 올라갔어.

2 **Hoist** me up!
나를 밧줄로 끌어올려라!

hoist는 '(밧줄이나 장비를 이용하여) 들어 올리다; 끌어올리다'라는 동사예요. 명사로는 '기중기; (화물이나 장애인을 들어 올리기 위한) 승강 장치'라는 의미랍니다. 지금 문맥에서는 '밧줄로 끌어올리다'라는 의미로 쓰였네요.

Hoist the sails! 돛을 올려라!
Public buildings **hoist** the flag all year round. 공공건물들은 1년 내내 국기를 올린다.

3 I came **all this way** here to **get stuck** on the wrong end of this rock pile?
내가 지금 꿈에도 그리던 이곳까지 와서 목표지점의 반대편에 있는 돌무더기에 갇혀 있다는 게 말이 되는 거니?

all the way는 중간에서 멈추지 않고 '끝까지' 하는 것을 표현하거나 아주 멀리까지 온 것을 강조할 때 쓰입니다. 여기에서는 all this way라고 했으니 '이 먼 곳까지'라고 해석이 되겠네요. get stuck은 '갇혀버리다; 오도 가도 못하게 되다'라는 의미이고 on the wrong end of ~는 원래 가려고 했던 곳의 반대편에 놓이게 되었다는 뜻이랍니다.

Let's go **all the way**! 끝까지 가보자고!
I **got stuck** in traffic. 교통체증이 심해서 오도 가도 못하고 있어.

업 77

🎧 04-07.mp3

Promise you won't leave him?

그를 두고 가지 않겠다고 약속해요?

러셀의 아빠에 대해 얘기하며 서로 조금 더 가까워진 러셀과 칼. 러셀이 케빈을 데려가자고 하면서 엘리가 어린 시절 늘 하던 바로 그 말(Cross your heart?)을 하자 칼이 엘리를 추억하며 마음이 약해지네요.

 Hey, **why don't you get some sleep?***
We don't want to wake the travelling flea circus.

 Mr. Fredricksen, Dug says he wants to take Kevin prisoner.
We have to protect him. Can Kevin go with us?

 All right, he can come.

 Promise you won't leave him?

 Yeah.

 Cross your heart?

 Cross my heart.

칼 얘야, 잠을 좀 자는 게 어떠니? 벼룩 서커스 유랑극단 애들을 깨우면 안 되니까.

러셀 프레드릭슨 할아버지, 덕이 그러는데 케빈을 포로로 데려가고 싶대요. 우리 그를 보호해야만 해요. 케빈도 우리랑 같이 가도 될까요?

칼 그래 알았다, 같이 가도 좋아.

러셀 그를 두고 가지 않겠다고 약속해요?

칼 그래.

러셀 맹세해요?

칼 맹세한다.

★ **why don't you get some sleep?**
'잠 좀 청하지 그러니?' '~하지 그러니?'라고 권유할 때는 why don't you~로 문장을 시작하세요. 그리고, '잠을 청하다; 잠을 자다'는 get sleep이라고 표현하죠. 예를 들어, I didn't get any sleep last night. '어젯밤에 잠을 한숨도 못 잤어' 이렇게 쓰여요.

영화 속 명대사로 말하기

영화 속 명대사를 활용하여 실생활에서 쓸 수 있는 표현을 익혀보세요.

1 We don't want to wake the **travelling flea circus**.
벼룩 서커스 유랑극단 애들을 깨우면 안 되니까.

영어로 서커스 유랑극단을 'traveling circus'라고 하는데 그중에서도 flea circus는 벼룩을 이용한 서커스를 보여주는 것이에요. 예전에 사람들의 이목을 끌기 위해서 사용되었다고 하네요. 여기에서는 이상한 새와 말하는 강아지 등 희한한 서커스단 조합을 보고 칼이 러셀에게 비아냥거리는 투로 말한 것이랍니다.

John runs his own **traveling circus**.
존은 자신의 유랑극단을 운영하고 있다.

Welcome to the strange world of the **traveling flea circus**.
벼룩 서커스 유랑극단의 이상한 세계에 오신 것을 환영합니다.

2 He wants to **take Kevin prisoner**.
그가 케빈을 포로로 데려가고 싶데요.

take someone prisoner는 '~를 포로로 데려가다; 포로로 삼다'라는 의미에요. 전쟁과 같은 상황에서 포로로 잡아둔다고 하는 표현인데 원래는 to capture and hold someone as a prisoner라고 길게 표현해야 할 것을 이렇게 짧게 표현할 수 있답니다.

Don't kill him. Let's **take him prisoner**. 그를 죽이지 마라. 포로로 데려가자.
If we **take them prisoner**, we will have to feed them.
그들을 포로로 데리고 가면 우리의 식량을 축낼 거에요.

3 **Promise** you won't leave him?
그를 두고 가지 않겠다고 약속해요?

'나에게 약속해라'라고 할 때 Promise to me 혹은 Promise me 둘 다 쓸 수 있답니다. 위의 문장 같은 경우에는 Promise (to) me you won't leave him이라고 하는 대신 그냥 〈promise + 주어 + 동사〉 형식으로 써도 무난하답니다.

Do you **promise** you won't get mad? 화 안 낼 거라고 약속해?
Promise me you'll try. 노력하겠다고 약속해 줘.

영화 속 명대사 필사하기

명대사를 따라 적으며 아름다운 명대사를 마음에 새겨보세요.

Ellie, it's so beautiful! We made it!
엘리, 너무 아름다워! 우리가 해냈어!

_____

Promise you won't leave him?
그를 두고 가지 않겠다고 약속해요?

_____

Yeah. 그래.

_____

Cross your heart? 맹세해요?

_____

Cross my heart. 맹세한다.

_____

#5 It might sound boring, but I think the boring stuff is the stuff I remember the most.

재미없게 들릴 수도 있겠지만, 그런 재미없는 게 나한테는 가장 많이 기억나는 것 같아요.

러셀이 칼에게 예전에 아빠와 함께했던 추억에 대해 말해주고 있네요. 일상의 소소한 기억들을 떠올리며 그 시절을 그리워하는 러셀의 모습이 짠하게 느껴집니다.

My dad made it sound so easy.
He is really good at camping, and how to make fire from rocks and stuff...
He used to come to all my squad lodge meetings.
And afterwards, we go get ice-cream that **fattens**.*
I always get chocolate and he gets butter brickle.
Then we sit on this one curb right outside and I'll count all the blue cars and he counts all the red ones and whoever gets the most wins. I like that curb.
It might sound boring, but I think the boring stuff is the stuff I remember the most.

러셀 우리 아빠가 말해 줄 땐 아주 쉬운 일처럼 들렸어요.
아빤 캠핑 정말 잘해요. 그리고 돌로 불을 만드는 방법하고 이것저것……
아빤 제가 속한 단원 오두막 회의가 있을 때마다 모두 오시곤 했어요.
그리고 나서는, 우린 살피는 아이스크림을 사 먹으러 가는 거죠.
난 항상 초콜릿을 먹고 아빠는 버터 브리클을 먹죠.
그 후에 우린 바로 밖에 있는 길가 연석에 앉아서 난 파란 차들을 세고 아빠는 빨간 차들을 세는데 더 많이 세는 사람이 이기죠. 난 그 연석이 좋아요.
재미없게 들릴 수도 있겠지만, 그런 재미없는 게 나한테는 가장 많이 기억나는 것 같아요.

* **fatten**
뚱뚱하고 살이 찐 것을 묘사할 때 fat이라고 하죠? 그 단어에 조금 살을 붙여서 fatten이라고 하면 '살찌게 하다'라는 뜻이에요. 한 단계 더 나아가서 fattening은 '살찌게 하는'이라는 형용사랍니다. 예를 들어, Bread is fattening. '빵은 살찌는 음식이야.' 이렇게 쓸 수 있어요.

영화 속 명대사로 말하기 — 영화 속 명대사를 활용하여 실생활에서 쓸 수 있는 표현을 익혀보세요.

1 My dad **made it sound so easy.**
우리 아빠가 말해 줄 땐 아주 쉬운 일처럼 들렸어요.

어떻게 말하느냐에 따라 어려운 일도 쉬워 보이고, 쉬운 일도 어려워 보이는 거 아시죠? 이렇게 어떤 일에 대해 묘사할 때 상대방에게 별것 아닌 아주 쉬운 일, 간단한 일로 느껴지게 한다고 할 때는 make it sound so easy 혹은 simple이라고 하고 반대의 경우에는 make it sound so difficult/complicated라고 한답니다.

You **make it sound so simple**.
넌 (복잡한 일도) 아주 단순한 일로 느껴지게 하는 재주가 있구나.

You don't need to make **it sound so complicated**.
(별것도 아닌 일을) 그렇게 복잡한 일처럼 이야기할 필요 없어.

2 He **used to** come to all my squad lodge meetings.
그는 제가 속한 단원 오두막 회의가 있을 때마다 모두 오곤 했어요.

squad는 선수단 혹은 (군대의) 분대 또는 경찰서의 강력계, 사기 전담반과 같이 특정 작업을 하는 반/소집단 등을 이야기할 때 쓰는 명사예요. lodge는 오두막/산장/통나무집 같은 곳을 말하기도 하고 집회소를 뜻하기도 해요. used to는 '예전에 ~하곤 했다; 한 때 ~했었다'는 의미로 쓰이는 숙어예요.

I **used to** play baseball in high school. 나 고등학교 시절에는 야구선수였다.
She **used to** come here almost every day. 그녀는 여기에 거의 매일 오곤 했었지.

3 **Whoever** gets the most **win**s.
가장 많이 맞추는 사람이 이기죠.

주어진 시간 안에 많이 알아 맞추기 게임이나 공/동전/고리 많이 넣기 등의 게임을 할 때 '가장 빨리 오는 사람이 이기는 거야!', '가장 많이 넣은 사람이 이기는 거야'하는 규정을 말할 때 쓰는 패턴이 바로 〈Whoever + 동사 + 최상급 + wins〉예요.

Whoever comes first **wins**! 가장 빨리 오는 사람이 이기는 거야!
Whoever guesses the most **wins**! 가장 많이 맞추는 사람이 이기는 거야!

I would like to award you the highest honor I can bestow. "The Ellie badge".

내가 수여할 수 있는 최고의 영예를 그대에게 드리네. "엘리 배지"

러셀이 마침내 학교로 돌아가 '노인 도와주기' 부문 훈장을 받게 되는데, 그 자랑스러운 순간을 축하하러 온 사람은 그 누구도 아닌 칼 프레드릭슨 할아버지! 칼은 러셀에게 세상에서 단 하나뿐인 '엘리 배지'를 수여합니다.

 For Assisting the Elderly... Russell. Is there someone...

 Excuse me. Pardon me. Old man coming through. I'm here for him.

 Congratulations,* Russell. Sir.

 Russell, for assisting the elderly and for performing above and beyond the call of duty, I would like to award you the highest honor I can bestow. "The Ellie badge".

 Wow!

MC 노인을 도와준 것에 대해서… 러셀. 혹시 어른 오신 분…

칼 실례합니다. 죄송해요. 늙은이가 지나갑니다. 제가 그 아이 보호자예요.

MC 축하하네, 러셀 제군!

칼 러셀, 노인을 도운 것에 대해 그리고 직무 범위를 넘어서 이룬 성과에 대해, 내가 수여할 수 있는 최고의 영예를 그대에게 드리네. "엘리 배지"

러셀 우와!

---

* **Congratulations**
축하한다고 할 때 이 단어를 쓰는 것은 모두 알고 있지만, 끝에 s가 붙는 것을 모르는 사람들이 너무 많더라고요. 이 단어는 '콩크레츄레이션'이 아니라 '콩크레츄레이션즈'라는 것 잊지 마세요! 그리고 ~에 대해서 축하한다고 할 때는 뒤에 on으로 연결해 주세요. 예를 들어, Congratulations on your graduation! '졸업 축하해!' 이렇게요.

영화 속 명대사로 말하기

영화 속 명대사를 활용하여 실생활에서 쓸 수 있는 표현을 익혀보세요.

1 Old man **coming through**.
늙은이가 지나갑니다.

많은 사람이 가로막고 서 있는 곳을 지나가면서 '비켜주세요, 지나갑니다'라고 할 때는 'coming through'라고 한답니다. 주어를 넣어도 되지만 이 자체로도 많이 쓰입니다. 이 표현을 쓸 땐, please와 같이 써 주시면 더 좋아요.

Coming through, please. I've got to get off. 죄송하지만, 지나갈게요. 제가 내려야 해서요.
Coming through! Please, get out of the way! 지나갑니다! 비켜주세요!

2 For assisting the elderly and for performing **above and beyond** the call of duty,
노인을 도운 것에 대해 그리고 직무 범위를 넘어서 이룬 성과에 대해…

above and beyond는 필요로 하는 책임 범위를 넘어 그 이상의 성과를 거뒀을 때 칭송을 할 때 주로 쓰는 관용표현이랍니다. 보통 이 표현은 the call of duty '의무에 대한 책임감'과 함께 쓰이는데, above를 빼고 beyond the call of duty '직무 범위를 넘어서/초월하여'라고만 하는 경우도 있답니다.

Your efforts went **beyond** the call of duty. 당신은 보통의 직무범위를 넘어서는 특별한 노력을 했네요.
The waitress went **above and beyond** the call of duty, so I left a big tip.
웨이트리스가 정말 너무 열심히 서비스를 해줘서 팁을 많이 줬어.

3 I would like to **award** you the highest honor I can **bestow**. "The Ellie badge".
내가 수여할 수 있는 최고의 영예를 그대에게 드리네. "엘리 배지"

award는 명사로 '상'을 의미하는데 동사로 '상을 주다'로 쓰이기도 합니다. bestow는 격식 차린 표현으로 give와 동의어인데 '(특히 존경의 뜻으로) ~을 수여/부여하다'라는 의미입니다. '엘리 배지'는 엘리가 어린 시절 칼에게 주었던 포도 소다 뚜껑으로 만든 특별한 의미가 있는 배지예요.

The trophy will be **bestowed** upon the winner. 수상자에게는 트로피가 수여될 것입니다.
They **bestowed** a car on Edward an **award**. 그들은 에드워드에게 부상으로 차를 부여하였다.

업 85

영화 속 명대사 필사하기

명대사를 따라 적으며 아름다운 명대사를 마음에 새겨보세요.

It might sound boring, but I think the boring stuff is the stuff I remember the most.

재미없게 들릴 수도 있겠지만, 그런 재미없는 게 나한테는 가장 많이 기억나는 것 같아요.

For Assisting the Elderly... Russell. Is there someone...

노인을 도와준 것에 대해서… 러셀. 혹시 어른 오신 분…

Excuse me. Pardon me. 실례합니다. 죄송해요.

Old man coming through. I'm here for him. 늙은이가 지나갑니다. 제가 그 아이 보호자예요.

MONSTERS, INC.

몬스터 주식회사

'부기맨(Boogeyman)'을 아시나요? 서양에서는 벽장에 숨어 사는 귀신을 '부기맨'이라고 하는데요. 아이가 혼자 자는 게 무서워 칭얼대면 어른들은 '부기맨' 이야기를 해주곤 한답니다. 바로 이 '부기맨'이 〈몬스터 주식회사〉의 소재가 되었죠. '몬스터 주식회사'의 괴물들은 벽장 문으로 인간 세계에 잠입해서 아이들의 비명소리를 모아 몬스터 세계에 에너지를 공급합니다. 어느 날 '몬스터 주식회사' 최고의 일꾼 '설리'가 실수로 몬스터 세계에 꼬마 소녀 '부'를 데려오며 이야기가 시작되죠.

2001년 개봉한 픽사의 4번째 장편 애니메이션인 〈몬스터 주식회사〉는 당시 최고의 첨단 컴퓨터 테크놀로지가 도입된 작품입니다. 주인공이 털로 뒤덮인 괴물이다 보니 털의 질감을 생생하게 묘사하는 것이 관건이었죠. 주인공 설리가 움직일 때마다 물결치는 털의 움직임을 묘사하기 위해 털 하나하나에 그림자를 부여하는 섬세한 기법을 사용했다고 합니다.

기발한 스토리에 최고의 기술력이 더해진 〈몬스터 주식회사〉는 그해 제작비의 5배에 달하는 수익을 거두며 흥행에 대성공합니다. 개봉 12년 후인 2013년에는 설리와 마이크가 '몬스터 주식회사'에 입사하기 전의 이야기를 다룬 프리퀄 〈몬스터 대학교〉가 개봉하기도 하죠. 자, 그럼 픽사의 유쾌한 상상력이 돋보이는 〈몬스터 주식회사〉의 명장면으로 들어가 볼까요?

등장인물 소개 Main Characters

설리 James P. Sullivan

2.4m의 거구에 보라색 반점이 있는 청록색의 털복숭이. 몬스터 주식회사에서 늘 에너지 획득량 최상위를 기록하는 능력자예요. 그의 실수로 인해 인간 세계에서 몬스터 세계로 오게 된 꼬마 여자아이 '부'를 처음에는 두려워하지만 우여곡절을 겪으면서 정이 듭니다.

마이크 Michael Mike Wazowski

설리의 룸메이트이자 절친인 초록색 외눈박이 괴물. 설리와는 의형제나 마찬가지인데 입담과 재치가 넘치는 친구예요. '부'를 인간 세계로 돌려보내는 과정에서 설리에게 잠시 배신감을 느끼기도 하지만 결국엔 둘의 우정은 더욱 돈독하게 되죠.

부 Boo

설리의 실수로 비명 에너지를 모으는 문밖으로 나와 몬스터 세계에 발을 들이게 된 유아기의 여자아이. 설리를 냐옹이(Kitty)라고 부르며 따른답니다. 설리와 마이크가 그녀 때문에 얼마나 가슴 졸여 하는지 모르고 룰루랄라 하며 몬스터 주식회사를 휘젓고 다닙니다.

랜달 Randall Boggs

8개의 손발을 가진 도마뱀. 카멜레온처럼 몸 색깔을 바꾸기도 하고 투명인간처럼 사라지는 능력도 가진 악랄한 악당이에요. 늘 설리에게 밀리는 2인자로 '부'를 사로잡아 비명 에너지 획득에 획기적인 업적을 세우려고 하는 야심이 있어요.

워터누즈 Henry J. Waternoose

몬스터 주식회사 사장. 조부가 시작한 회사를 3대째 계승하고 있는데 눈도 셀 수 없이 많이 달리고 다리도 8개나 되는 요상하게 생긴 괴물이에요.

#1 You think he's gonna come through the closet and scare you.

그가 옷장에서 나와서 겁줄 거라고 생각하는구나.

설리는 괴물이 나타날까 봐 겁을 잔뜩 먹고 있는 한 아이를 안심시켜 재우려고 하고 있어요. 그런데, 늘 아이들에게 무서운 존재였던 그가 아이가 얼마나 사랑스러운 존재인지 느끼면서 이 아이와 정이 들기 시작하네요.

 That's just a closet. **Will you go to sleep?**★
Hey, that looks like Randall. Randall's your monster.
You think he's gonna come through the closet and scare you. Oh, boy, how do I explain this?
Uh… it's empty. See? No monster in here. Well, now there is. But uh… I'm not gonna scare you.
I'm off duty. Okay, how about I sit here until you fall asleep?
Go ahead. Now go to sleep. Now! Now go. You go to sleep.

설리 그건 그냥 옷장이야. 이제 코 자련?
어, 저건 랜달 같은데. 랜달이 네 괴물이로구나.
그가 옷장에서 나와서 겁줄 거라고 생각하는구나. 오, 이런, 이걸 어떻게 설명해야 하지?
어… 여긴 아무도 없어. 그지? 여긴 괴물이 없다고. 아, 지금은 있네. 그치만 음… 난 널 겁주진 않아.
난 지금 근무 중이 아니거든. 좋아, 그럼 네가 잠들 때까지 내가 여기 앉아있으면 어떨까?
그래 그렇게 해. 이제 잠들라고. 지금! 지금 자. 코 자렴.

★ **Will you go to sleep?**
'코 자련?' 엄마 아빠가 밤에 잘 시간이 되었는데 아이가 안 자고 놀고 있으면 '잘 시간이네, 자 이제 자자'라고 하잖아요? 그때 쓰는 표현이에요. 그리고, 아이들이나 친한 사람에게 '잘 자'라고 할 때는 Good night! 대신에 Sleep tight!이라고 하는 경우도 많답니다.

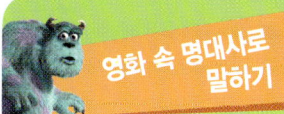

영화 속 명대사로 말하기

영화 속 명대사를 활용하여 실생활에서 쓸 수 있는 표현을 익혀보세요.

1. You think he's gonna come through the closet and **scare you**.
그가 옷장에서 나와서 겁줄 거라고 생각하는구나.

몬스터가 아이들의 옷장에 숨어있다가 나와서 아이들을 겁주고 아이들이 소리를 지르면 그 소리 에너지를 모아서 연료를 만드는 것이 몬스터 주식회사에서 하는 일이에요. 이 문장에서 come through는 말 그대로 '(옷장을) 통해서/통과하며 나오다'이고, scare someone은 '~를 겁주다, 놀라게 하다'는 의미입니다.

Did I **scare you**? I'm sorry but I didn't mean to. 내가 놀라게 했니? 미안. 그럴 의도는 아니었어.
Stop it! You are **scaring me**. 그만해! 너 때문에 무섭단 말이야.

2. I'm **off duty**.
난 지금 근무 중이 아니거든.

off duty는 '근무 중이 아닌, 비번인'이라는 의미이고, 반대로 on duty는 '근무 중인, 당번인'이라는 의미예요. 예를 들어, 일을 쉬는 날엔 I'm off duty today.라고 하는데, 더 간단하게 duty를 빼고 I'm off today.라고 할 수도 있답니다. 그와 반대로, I'm on duty now.라고 하면 '나 지금 근무 중이야'라는 뜻이에요.

Who's **on duty** today? 오늘 당직은 누구지?
An **off-duty** police officer is not allowed to carry a gun on campus.
근무 중이 아닌 경찰은 캠퍼스 내에서 총기를 소지할 수 없다.

3. How about I sit here until you **fall asleep**?
그럼 네가 잠들 때까지 내가 여기 앉아있으면 어떨까?

fall asleep은 '잠에 빠지다, 잠이 들다'라는 의미에요. 주의하실 것은, '사랑에 빠지다'라고 할 때 fall in love라는 표현을 쓰다 보니 '잠에 빠지다'도 fall in sleep 혹은 fall into sleep 이라고 표현하는 사람들이 많은데 바른 표현은 fall asleep이랍니다.

I can't help myself from **falling asleep**. 잠이 와서 어떻게 할 수가 없네.
She's **fallen asleep** in the bath. 그녀는 욕조에서 잠이 들었다.

Once you name it, you start getting attached to it.

일단 이름을 지어주게 되면 그것에 애착을 가지게 된단 말이야.

아이에게 '부'라는 이름을 붙인 설리. 하지만, 마이크는 아이에게 정을 붙이면 애착을 갖게 된다고 절대 정을 주지 말라며 설리에게 화를 내네요. 그 순간, 다른 동료들에게 아이를 들킬 뻔하자 마이크가 기지를 발휘해 위기를 모면합니다.

 Mike, this isn't Boo's door.

 Boo? What's Boo?

 That's what I decided to call her. **Is there a problem?***

 Sul. You're not supposed to name it. Once you name it, you start getting attached to it.
Now put that thing back where it came from or so help me!
Oh, hi! We're rehearsing a – a scene for the upcoming company play called uh, 'Put That Thing Back Where It Came From Or So Help Me'. It's a musical.

설리 마이크, 이건 부의 문이 아니야.

마이크 부? 부가 뭔데?

설리 내가 그 아이를 부르기로 한 이름이야. 불만 있어?

마이크 설리, 걔한테 이름을 지어주고 그러는 거 아냐. 일단 이름을 지어주게 되면 그것에 애착을 가지게 된단 말이야.
자, 이제 그걸 원래 있었던 곳으로 다시 돌려놓으란 말야, 정말로!
앗, 안녕! 우린 지금 연습 중이야. 곧 있을 회사 연극에 나오는 장면인데, 연극 제목이 어, 그러니까 뭐냐면 '이제 그걸 원래 있었던 곳으로 다시 돌려놓으란 말야, 정말로!'. 뮤지컬이야.

---

* Is there a problem?
'불만 있어?' 내가 하는 일에 대해 상대방이 불만을 가진 것 같을 때 '뭐 문제 있어? 불만 있어?'라고 퉁명스러운 말투와 함께 쓰는 표현이에요. 같은 상황에서 Do you have a problem with that? 이라고 할 수도 있답니다.

영화 속 명대사로 말하기

영화 속 명대사를 활용하여 실생활에서 쓸 수 있는 표현을 익혀보세요.

1 You're not **supposed to name** it.
걔한테 이름을 지어주고 그러는 거 아냐.

〈be동사 + supposed to〉는 '(규칙, 관습 등에 따르면) ~해야만 한다, ~하기도 되어 있다' 혹은 '(일반적으로) ~인 것으로 여겨진다'라는 의미로 쓰여요. not을 넣어서 부정문으로 쓰는 경우에는 '~해서는 안 된다, 안 되는 것으로 여겨진다'의 의미가 되지요. 그리고, name을 동사로 써서 name something이라고 하면 '~의 이름을 짓다'라는 의미랍니다.

I'm not **supposed to** be here with you. 나 너랑 여기에 있으면 안 되는데.
My dad **named** me Michelle. 우리 아빠가 내 이름을 미셸이라고 지어주셨어.

2 **Once you name** it, you start getting attached to it.
일단 이름을 지어주게 되면 그것에 애착을 가지게 된단 말이야.

〈Once + 주어 + 동사〉는 '일단 ~하게 되면'이라는 의미로 쓰이는 패턴이에요. 예를 들어, once you are in '일단 네가 들어오게 되면', once you get the approval, '일단 승인받게 되면' 이렇게 쓰이죠. Get attached to something은 '~에 집착을 하게 되는, 애착을 가지게 되는'이라는 의미로 쓰이는 숙어예요.

Once she started, she couldn't stop. 일단 그녀가 시작하면 멈추질 않아.
I avoid **getting attached to someone**. 난 누군가에게 정이 드는 것을 (애착을 갖는 것을) 피하려고 한다.

3 Now put that thing back where it came from or **so help me**!
자 이제 그걸 원래 있었던 곳으로 다시 돌려놓으란 말야. 정말로!

이 문맥에서 so help me는 '신에게 맹세코 정말이에요!, 하늘에 두고 맹세해요!'라는 의미예요. So help me God! 에서 God를 뺀 것이죠. 원래는 법정에서 '증인으로서 진실만을 말할 것을 신에게 맹세한다'고 하며 쓰는 표현인데, 일반적인 상황에서도 쓸 수 있어요.

I will do it. I really will, **so help me**! 전 할 거예요. 정말로요. 맹세해요!
I swear to tell the truth, the whole truth, and nothing but the truth, **so help me God**. (법정의 증인 선서문) 진실만을, 모든 진실을, 오직 진실만을 말할 것을 맹세합니다!

영화 속 명대사 필사하기

명대사를 따라 적으며 아름다운 명대사를 마음에 새겨보세요.

No monster in here.
여긴 괴물이 없다고.

Well, now there is.
아. 지금은 있네.

But uh… I'm not gonna scare you.
그치만 음… 난 널 겁주진 않아.

You're not supposed to name it.
걔한테 이름을 지어주고 그러는 거 아냐.

Once you name it, you start getting attached to it.
일단 이름을 지어주게 되면 그것에 애착을 가지게 된단 말이야.

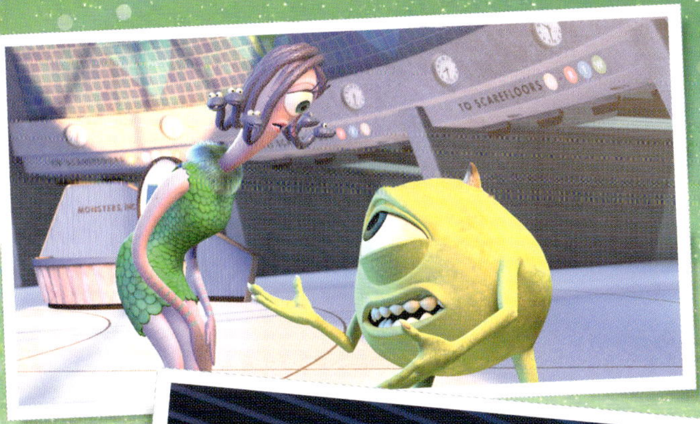
TO SCAREFLOORS

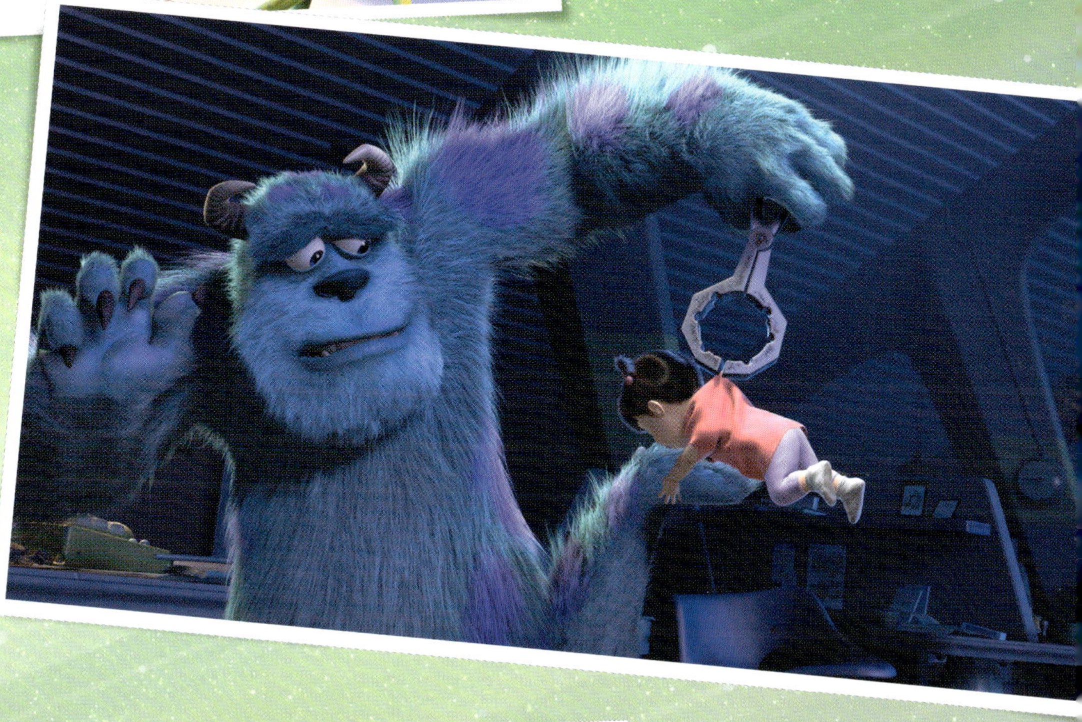

327
336
339

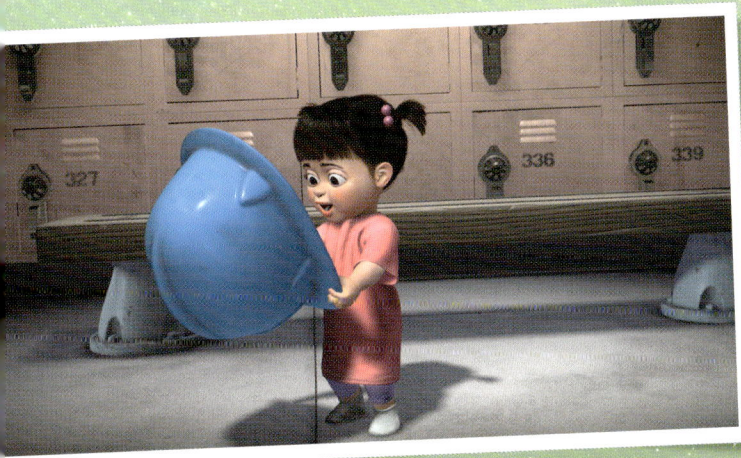

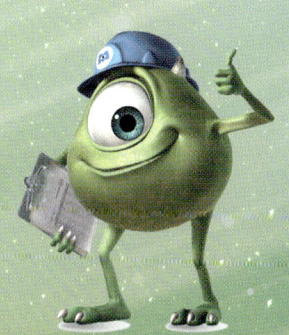

I'm your pal. I'm your best friend. Don't I matter?

난 네 친구야. 절친이라고. 나도 상관없어?

설리가 만사를 제쳐두고 '부'를 구하러 가려고 하자 마이크는 엄청난 배신감을 느낍니다. 화가 머리끝까지 난 마이크는 설리에게 도대체 나를 친구로 생각하기는 하는 거냐며 그동안 참아왔던 감정을 쏟아내네요.

Sulley, what about everything that we ever worked for? Does that matter? Huh? And what about Celia? I am never… never going to see her again. Doesn't that matter?
What about me? **I'm your pal.*** I'm your best friend. Don't I matter?

I'm sorry, Michael. I'm sorry we are stuck out here. I didn't mean for this to happen.
But Boo's in trouble. I think there might be a way to save her if we can just get down to that…

We? Whoa, whoa, we?! No. There's no we this time, pal. If you want to go out there and freeze to death, you be my guest. Because you are on your own.

마이크 설리. 그럼 우리가 그동안 공들였던 모든 일은 다 뭐야? 그런 건 중요하니? 응?
그리고 실리아는 어쩌고? 난 다시는 그녀를 못 만날 텐데. 그런 건 중요하지 않아? 나는? 난 네 친구야. 절친이라고. 나도 중요하지 않아?

설리 미안해, 마이클. 우리가 이곳에 갇히게 된 것은 안타까워. 나도 이렇게 할 생각은 없었어.
하지만 부가 위험한 상황에 처해있어. 내 생각엔 그 아이를 구할 방법이 있을지도 몰라, 우리가 거기에 내려가기만 한다면…

마이크 우리? 워, 워, 우리라고?! 아니, 이제 '우리'라는 건 없어. 네가 거기 나가서 얼어 죽고 싶다면, 혼자서 얼마든지 하라고. 왜냐하면, 이제 넌 혼자니까.

* **I'm your pal.**
'난 네 친구야' 친구를 friend 말고 다른 말로 pal이라고도 합니다. 예전에 편지를 주고받는 친구인 pen pal(펜팔)이 인기 있었죠? 남자들 사이에서 껄렁한 혹은 터프한 느낌으로 서로를 지칭하는 표현으로 쓰이곤 한답니다.

영화 속 명대사로 말하기

영화 속 명대사를 활용하여 실생활에서 쓸 수 있는 표현을 익혀보세요.

1 I'm sorry we are **stuck** out here.
우리가 이곳에 갇히게 된 것은 안타까워.

stuck은 '~에 빠져 움직일 수 없는, 불쾌한 상황이나 장소에 갇힌, 대답이나 이해를 못 해 막힌'의 의미로 쓰이는 형용사에요. 오도 가도 못하게 되거나 이러지도 저러지도 못하는 꽉 막혀 있는 상황을 연상하시면 된답니다.

I can't believe I'm **stuck** here forever!   내가 영원히 여기에 갇혀 있어야 한다니 말도 안 돼!
We were **stuck** in traffic for hours.   차가 너무 막혀서 우리는 몇 시간 동안 움직이질 못했다.

2 If you want to go out there and freeze to death, you **be my guest**.
네가 거기 나가서 얼어 죽고 싶다면, 혼자서 얼마든지 하라고.

추워서 얼어 죽는다고 할 때는 freeze to death라는 표현을 씁니다. 예를 들어, I don't want to freeze to death. '난 얼어 죽고 싶진 않아' 이렇게 활용한답니다. Be my guest는 상대방의 부탁을 들어주며 하는 말로 '그렇게 하세요, 원하시는 대로 하세요' 라는 표현이에요.

A : Do you mind if I used your computer for a second?   잠시만 네 컴퓨터 좀 써도 괜찮겠니?
B : **Be my guest.**   그러렴.

3 You are **on your own**.
이제 넌 혼자니까.

깊은 산골 도사님께서 제자에게 가르침을 하사하시다가 이제 더 이상 가르칠 것이 없다고 내려가라고 할 때 이 말을 하면 딱 어울릴 거예요. You are on your own. '(이제는 널 도와주지 않을 테니) 넌 혼자 힘으로 헤쳐나가야 한다' 이런 뜻이죠. 무엇을 남의 도움 없이 혼자 한다고 할 때 on one's own이라고 한답니다.

I did the whole thing **on my own**.   다 내가 혼자 한 거예요.
Try to do it **on your own** without anyone else's help.
아무의 도움 없이 너 스스로 혼자 하도록 해봐.

몬스터 주식회사

Nothing is more important than our friendship.

그 무엇도 우리의 우정보다 중요한 건 없다고.

🎧 05-07.mp3

설리가 투명하게 변해버린 괴물 랜달에게 공격당하고 있는데 마이크는 그 사실을 전혀 눈치채지 못하고 자기 할 말만 늘어놓고 있네요. 어떻게 하면 마이크가 그것을 알아차릴까요?

 Look, it's not that I don't care about the kid.

 Mike, you don't understand.

 Yes, I do. I was just mad, that's all. I needed some time to think. But you shouldn't have left me out there.

 I'm being attacked.

 No, I'm not attacking you. I'm trying to be honest.
Just hear me out. Look, you and I are a team. Nothing is more important than our friendship.
I know, kid. He's too sensitive. Come on, pal. If you start crying, I'm going to cry. And **I'll never get through this.*** I'm sorry that I wasn't there for you. But I am now.

마이크 봐, 내가 그 아이에 대해 관심이 없는 것은 아냐.

설리 마이크, 넌 이해 못 해.

마이크 나도 이해해. 그땐 단지 내가 화가 나서 그랬던 거야. 나에게도 생각할 시간이 필요했다고. 하지만 네가 날 거기에 홀로 남겨 두고 온 건 잘못한 거야.

설리 나 지금 공격받고 있어.

마이크 아니야, 난 널 공격하고 있지 않아. 난 솔직하게 얘기하려고 노력 중인 거야. 내 말을 끝까지 좀 들어봐. 봐라, 너하고 나는 팀이야. 그 무엇도 우리의 우정보다 중요한 건 없다고.
그래 알아, 얘야. 그가 너무 예민하지. 에이 좀, 친구야. 네가 울기 시작하면 나도 울게 된다고.
그러면 난 내가 하던 말을 끝내지도 못할 거고, 네가 나를 필요로 할 때 함께 해주지 못해서 미안해. 하지만 이제 우린 함께잖아.

★ **I'll never get through this.**
'난 내가 하던 말을 끝내지도 못할 거야' get through는 '(힘들고 어려운 상황에서) 끝까지 해내다, 완수하다'라는 의미로 쓰이기도 하는데, 이 문맥에서는 '하던 일을 완수해내다'라는 의미로 쓰였네요.

영화 속 명대사로 말하기

영화 속 명대사를 활용하여 실생활에서 쓸 수 있는 표현을 익혀보세요.

1 You **shouldn't have** left me out there.
네가 날 거기에 홀로 남겨 두고 온 건 잘못한 거야.

〈shouldn't have + 과거분사〉는 이미 지난 일에 대해 후회하거나 유감을 표명하면서 '~하지 말았어야 했어'라고 말할 때 쓰는 패턴이에요. 간단한 예로, You shouldn't have done that. '넌 그러지 말았어야 했어' 이렇게 쓰지요.

I **shouldn't have** trusted you in the first place. 애초에 너를 믿지 말았어야 했어.
You **shouldn't have** told him anything. 넌 그에게 아무 말도 하지 말았어야 했어.

2 Just **hear me out**.
내 말을 끝까지 좀 들어봐.

나의 의견을 피력하고 있는데 상대방이 끝까지 듣지도 않고 중간에 끼어들 경우에 '내 말을 끝까지 들어봐'라고 하며 이 표현을 씁니다. Just는 꼭 넣지 않아도 되니까, Hear me out! '내 말 끝까지 듣고 얘기해'라고 기억해 주세요.

Hear me out! I'm not finished. 끝까지 들어! 나 아직 얘기 안 끝났다고.
Just promise you will **hear me out**, okay?
중간에 끼어들지 않고 내 말을 끝까지 듣겠다고 약속해줘. 응?

3 **Nothing is more important than** our friendship.
그 무엇도 우리의 우정보다 중요한 건 없다고.

'그 무엇도 ~보다 더 중요한 것은 없다'라고 할 때는 〈Nothing is more important than ~〉의 패턴을 이용해서 표현합니다. 중요한 것을 가치 있는 것으로 대체해서 표현할 때는 'Nothing is more valuable than ~'으로 문장을 시작하는 것도 알아두세요.

Nothing is more important than the health of our children.
그 무엇도 우리 아이들의 건강보다 더 중요한 것은 없다.
Nothing is more valuable than freedom. 세상에 자유보다 더 소중한 가치가 있는 것은 없다.

영화 속 명대사 필사하기   명대사를 따라 적으며 아름다운 명대사를 마음에 새겨보세요.

What about me? I'm your pal.
나는? 난 네 친구야.

I'm your best friend. Don't I matter?
절친이라고. 나도 중요하지 않아?

If you start crying, I'm going to cry.
네가 울기 시작하면 나도 울게 된다고.

And I'll never get through this.
그러면 난 내가 하던 말을 끝내지도 못할 거고.

I'm sorry that I wasn't there for you. But I am now.
네가 나를 필요로 할 때 함께 해주지 못해서 미안해. 하지만 이제 우린 함께잖아.

Nothing is coming out your closet to scare you anymore, right?

그 무엇도 이제 더 이상 옷장에서 나와서 너에게 겁주지 않아, 알았지?

몬스터 주식회사의 회장 워터누스의 음모를 밝혀낸 설리와 마이크는 회사의 영웅이 됩니다. 하지만, 이제 정들었던 '부'를 떠나 보내야만 하는데, 부에게 작별인사를 할 수 있도록 그들에게 딱 5분이 주어집니다.

 Nothing is coming out your closet to scare you anymore, right? Good bye, Boo.

 Kitty.

 Kitty has to go.*

 Kitty?

 None of this has ever happened, gentlemen. And I don't want to see any paperwork on this.

설리 그 무엇도 이제 더 이상 옷장에서 나와서 너에게 겁주지 않아, 알았지? 잘 있어, 부.

부 키티.

설리 키티는 가야 해.

부 키티?

로즈 지금 일어났던 모든 일은 없던 일로 해야 한다. 제군들. 그리고 이 사태에 대해서는 그 어떤 서류보고도 하지 않을 것을 명령한다.

* **Kitty has to go.**
  '키티는 가야만 한단다' kitty는 유아어로 '야옹이, 새끼 고양이'를 말해요. 헤어질 때는 '난 이제 가봐야 해'라고 하며 I have to go. 혹은 I gotta go.라고 합니다. have to go '가봐야 해, 가야만 해'의 의미로 활용해 주세요.

영화 속 명대사로 말하기

영화 속 명대사를 활용하여 실생활에서 쓸 수 있는 표현을 익혀보세요.

1 Nothing is coming out your closet to **scare** you anymore, right?

그 무엇도 이제 더 이상 옷장에서 나와서 너에게 겁주지 않아, 알았지?

'~를 겁주다'라고 할 때는 scare 뒤에 someone을 넣으면 되는데, 예를 들어, Don't scare me. '날 놀라게 하지 마' scare의 형용사는 scary랍니다. His eyes are scary. '그의 눈은 무섭다, 겁나게 하는 눈이다'라는 뜻인데요, 그렇다면 I'm scared는 무슨 뜻일까요? 이것은 '난 무서움을 느끼고 있어, 겁에 질렸어'입니다. scary와 scared를 잘 구분해 주세요.

Are you **scared** of him? 넌 그를 보면 무섭니?
The movie was so **scary** that I couldn't finish watching it.
그 영화 너무 무서워서 끝까지 다 볼 수가 없었어.

2 None of this has ever happened.

지금 일어났던 모든 일은 없던 일로 해야 한다.

상사가 부하직원들에게 특히 정보국 같은 기관에서 비밀요원들에게 '이 일은 없던 일로 하자, 절대 죽을 때까지 그 누구에게도 발설해서는 안 된다'고 하며 다짐할 때 쓰는 표현이에요.

None of this has ever happened. You understand me?
이 모든 일은 없던 일로 해야 한다. 알아듣겠지?
Get rid of all the files regarding this matter. **None of this has ever happened.**
이 일과 관련된 모든 파일을 삭제해라. 이것은 없던 일인 거야.

3 I don't want to see any **paperwork** on this.

이 사태에 대해서는 그 어떤 서류보고도 하지 않을 것을 명령한다.

보통 문서나 서류라고 하면 document라는 단어가 가장 먼저 떠오를 테지만, 직장에서 서류작업/문서업무에 대해서 말할 때는 paperwork라는 단어를 더 많이 사용한답니다. 이 단어는 서류보고라는 뜻으로 쓰일 수도 있고 그냥 서류 그 자체를 말할 때 쓰기도 합니다.

I need to do some **paperwork**. 문서업무를 좀 해야 한다.
The project involved an enormous amount of **paperwork**.
이 프로젝트는 엄청난 양의 서류작업을 필요로 한다.

Follow the sultry sound of my voice.
내 관능적인 목소리를 따라와.

부를 그리워하는 설리를 위해 마이크는 산산이 조각났던 문의 마지막 조각을 다시 맞춰 설리에게 예상치 못한 깜짝 선물을 합니다. 설리와 부는 과연 다시 만날 수 있을까요?

 Hey, Sulley.

 Yeah, Mike. I was...

 Listen, have you got a minute? There's something that I want to show you. Okay?
Close your eyes. Follow me. Come on. No peeking. Keep coming. Keep coming. Come on. Keep coming. Keep coming.

 Alright.

 Follow the sultry sound of my voice. Okay. Stop. Open up. Tada.*

 Mike. Is that..?

 Sorry, it took so long, pal. There was a lot of wood to go through. You know it only works if you have every piece.

마이크 야, 설리.

설리 그래, 마이크. 나는…

마이크 들어봐, 너 잠깐 시간 있니? 너한테 보여주고 싶은 게 있어. 괜찮지? 눈을 감아. 날 따라오고. 자. 훔쳐보기 없기. 계속 와. 계속. 와. 이리 와 계속. 계속 오라고.

설리 알았어.

마이크 내 관능적인 목소리를 따라와. 자 이제 멈춰. 열어봐. 짜잔.

설리 마이크, 이건…?

마이크 미안, 너무 오래 걸렸지, 친구. 나뭇조각이 하도 많아서 다 뒤지느라 그렇게 됐어. 이건 모든 조각이 다 있어야만 작동을 하니까 말이야.

* Tada.
'짜잔' 사람이나 물건을 처음으로 소개할 때 혹은 감동을 주려고 선물 같은 것을 꺼내며 '짜잔, 나오신다, 기대하시라' 이렇게 말할 때 쓰는 표현이에요.

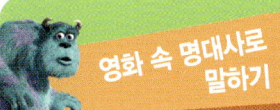

영화 속 명대사로 말하기

영화 속 명대사를 활용하여 실생활에서 쓸 수 있는 표현을 익혀보세요.

1 No **pecking**.
훔쳐보기 없기.

No peeking '훔쳐보기 없기'라고 말할 때 쓰는 표현인데, 여기서 peek은 '엿보다, 훔쳐보다'라는 의미로 사람들이 가장 일반적으로 쓰는 동사예요. '훔쳐보기, 엿보기'라는 명사로 쓰일 때도 있고요. 거의 비슷하게 생긴 peep이라는 단어도 peek과 의미가 비슷한데, 차이점은 peek이 재빨리 훔쳐보고 엿보는 것이라면, peep은 '(열쇠 구멍 같은 작은 틈으로) 몰래 훔쳐보다'라는 뜻이랍니다.

I just wanted to sneak a **peek**. 난 단지 몰래 엿보고 싶었을 뿐이야.
What are you **peeking** at? 너 뭘 훔쳐보는 거니?

2 Follow the **sultry** sound of my voice.
내 관능적인 목소리를 따라와.

sultry는 '무더운, 후텁지근한'이라는 의미로도 쓰이지만, 격식 차린 표현으로 '관능적인, 섹시한'이라는 의미로도 쓰이는 단어예요. 그냥 sexy라고 하면 다소 흔하게 들릴 수도 있으니까, 가끔은 이렇게 sultry와 같이 고상한 단어를 사용하면 더 관능적으로 느껴질 수 있을 거예요.

The woman I met at the club was so **sultry** and exotic.
그 클럽에서 만났던 여자는 너무나 관능적이고 이국적이었어.

Alice has **sultry** eyes and a gorgeous body. 앨리스는 관능적인 눈매와 환상적인 몸매를 가졌지.

3 There was a lot of wood to **go through**.
나뭇조각이 하도 많아서 다 뒤지느라 그렇게 됐어.

go through는 '~을 살펴보다, 조사하다, 뒤져보다, (특히 거듭해서) 검토/고려하다'라는 의미를 가진 숙어예요. '(특히 힘들거나 불쾌한 일을) 겪다/거치다/경험하다'라는 의미로도 쓰이지만, 이 대화문에서는 '뒤지다, 살펴보다'의 의미로 쓰였네요.

I will **go through** those files as fast as possible. 그 파일들을 최대한 빨리 살펴보도록 할게요.
Did you sneak in to my room and **go through** my things?
너 내 방에 몰래 들어와서 내 물건 뒤졌니?

영화 속 명대사 필사하기

명대사를 따라 적으며 아름다운 명대사를 마음에 새겨보세요.

Nothing is coming out your closet to scare you anymore, right?
그 무엇도 이제 더 이상 옷장에서 나와서 너에게 겁주지 않아, 알았지?

✎ _____

Good bye, Boo. 잘 있어, 부.

 _____

Mike. Is that..? 마이크. 이건…?

Sorry, it took so long, pal.
미안. 너무 오래 걸렸지, 친구.

 _____

There was a lot of wood to go through.
나뭇조각이 하도 많아서 다 뒤지느라 그렇게 됐어.

 _____

THE INCREDIBLES
인크레더블

2004년 개봉한 〈인크레더블〉은 픽사 애니메이션 중 인간이 주인공으로 나오는 최초의 작품입니다. 한때 시대를 풍미했던 슈퍼히어로 미스터 인크레더블과 엘라스티걸은 은퇴 후 평범한 가정을 꾸리며 삽니다. 딸 바이올렛과 아들 대쉬에게도 슈퍼히어로의 유전자가 그대로 전해지지만 평범하게 살기 위해 이를 숨겨야 하죠. 고단한 샐러리맨의 삶에 권태로움을 느낀 인크레더블이 세상을 구하기 위한 비밀 임무를 수행하며 이야기가 전개됩니다.

인간이 주인공인 첫 영화이다 보니 기술적인 면에서도 새로운 시도를 해야 했는데요. 인간의 피부와 머리카락, 옷의 물리적 감촉을 사실적으로 표현해내야 했죠. 이러한 노력은 픽사의 기술력을 한 단계 높은 수준으로 끌어 올립니다. 이 영화의 또 다른 새로운 시도는 바로 악당입니다. 어릴 때 만화영화를 보며, 전혀 위협적이지 않은 악당들에 의구심을 품었던 감독은 〈인크레더블〉의 악당 '신드롬'을 극악무도한 캐릭터로 만들려고 노력했다고 해요. 그 결과 역대 애니메이션 사상 최고로 악랄하고 현실감 있는 악당 캐릭터가 탄생할 수 있었죠.

이 영화는 전년도 개봉한 〈니모를 찾아서〉에 이어 아카데미 장편 애니메이션 최우수 작품상을 받기도 했습니다. 후속편이 제작 중이라는 반가운 소식도 들려오고 있으니 그 감동을 다시 느낄 수 있기를 기대해봅니다.

등장인물 소개 Main Characters

밥 Bob

최강 슈퍼히어로 미스터 인크레더블. 보통의 슈퍼히어로들과는 비교하기 어려울 정도의 엄청난 괴력을 소유하여 정의 실현에 발 벗고 나서지만, 그가 나설 때마다 크고 작은 부수적 피해로 각종 소송에 휘말리게 됩니다.

헬렌 Helen

밥의 아내이자 무한대의 유연성과 풍선처럼 부풀어 오르는 능력을 가진 슈퍼히어로 엘라스티걸. 밥과 마찬가지로 슈퍼히어로 활동을 할 수 없게 되어 평범한 세 아이의 엄마로 그녀의 능력을 감추고 살아갑니다.

바이올렛 Violet

인크레더블 가의 장녀로 같은 학교에 다니는 한 소년을 좋아하는 전형적인 사춘기 소녀. 부모님의 피를 물려받아 투명인간이 될 수 있는 능력과 자신의 주위에 에너지 장이라는 보호막을 칠 수 있는 능력이 있어요.

대쉬 Dash

초광속 스피드가 무기인 인크레더블 가의 장남. 과장하나 안 보태고 물 위를 달릴 수도 있고 빛의 속도만큼 달릴 수도 있습니다. 부모님이 슈퍼파워를 못 쓰게 해서 늘 불만이지요.

에드나 모드 Edna E Mode

한때 슈퍼히어로들의 의상을 전담했던 세계적인 패션 디자이너. 지금은 히어로들이 은퇴하면서 일반 패션으로 전향했지만, 히어로 의상에 대한 애착을 버리지 못하고 있죠.

🎧 06-01.mp3

The world just wants us to fit in, and to fit in.

세상은 우리가 튀지 않고 그들과 조화롭게 섞여 살기를 원하고 있단다.

인크레더블 가족은 평범한 삶을 살고 싶지만, 아들 '대쉬'는 늘 힘을 자랑하고 싶어서 말썽을 일으키네요. 그런 '대쉬'에게 엄마 헬렌은 가족이 평범하게 사는 것만이 모두의 평화를 도모하는 길이라며 훈계합니다.

 You always say, **"Do your best."*** But you don't really mean it. Why can't I do the best that I can do?

 Right now, honey, the world just wants us to fit in, and to fit in, we just gotta be like everybody else.

 But dad always said our powers were nothing to be ashamed of. Our powers made us special.

 Everyone's special, Dash.

 Which is another way of saying no one is.

대쉬 엄마 항상 '최선을 다해라'라고 말하시죠. 하지만 별로 진심이 아니시죠. 왜 내가 할 수 있는 일에 최선을 다하면 안 되죠?

헬렌 지금은, 얘야, 세상은 우리가 튀지 않고 그들과 조화롭게 섞여 살기를 원하고 있단다. 그리고 조화롭게 섞여 살려면 우리는 다른 사람들과 똑같아져야만 해.

대쉬 하지만 아빠는 늘 우리의 초능력은 절대 창피해야 할 것이 아니라고 말했어요. 우리의 초능력이 우리를 특별하게 한다고.

헬렌 사람들은 모두가 특별하단다. 대쉬.

대쉬 결국 그 얘기는 아무도 특별하지 않다는 말이나 마찬가지네요.

* **Do your best!**
'최선을 다해라' Try your best와 함께 최선을 다하라고 할 때 가장 많이 쓰는 표현이에요. 참고로, Do you best, and God will do the rest!라고 하면 '최선을 다하고 나머지는 신께/하늘에 맡겨라'라는 의미가 됩니다.

영화 속 명대사로 말하기

영화 속 명대사를 활용하여 실생활에서 쓸 수 있는 표현을 익혀보세요.

1 **The world just wants us to fit in and to fit in.**
세상은 우리가 튀지 않고 그들과 조화롭게 섞여 살기를 원하고 있단다.

fit in은 '자연스럽게 ~와 어울리다/맞다'라는 의미로 특히 어떤 특정 모임이나 장소의 분위기에 '자연스럽게 어우러지다'라는 의미로 쓰이는 표현이에요. 여기에서는 인크레더블 가족이 보통 사람들과 잘 어우러져서 사는 것을 표현하기 위해 쓰였답니다.

I don't feel like I **fit in** at school. 난 학교와 잘 안 맞는 것 같아.
I'm tired of trying to **fit in**. 주변 사람들과 잘 어울리려고 하는 것도 지쳤어요.

2 **Dad always said our powers were nothing to be ashamed of.**
아빠는 늘 우리의 초능력은 절대 창피해야 할 것이 아니라고 말했어요.

be ashamed of something은 '~을 창피하게/수치스럽게 여기다'라는 숙어로 뒤에 사람이나 행위가 올 수 있어요. 'It's nothing to be ashamed of.'는 '이건 창피하게 생각할 것이 전혀 아니야'라는 뜻입니다.

Are you **ashamed of** me or something? 너 혹시 내가 창피하거나 그런 거니?
He **was ashamed of** being poor. 그는 자신이 가난한 것에 대해서 수치스럽게 여겼다.

3 **Which is another way of saying no one is.**
결국 그 얘기는 아무도 특별하지 않다는 말이나 마찬가지네요.

엄마가 '대쉬'에게 Everyone's special. '사람들은 모두가 다 특별하단다'라고 했더니, '대쉬'는 바로 Which is라며 문장을 시작했는데, 이 경우는 바로 전 문장(상대방 혹은 자신의)을 받아 '그것은 바로'를 강조하며 관계대명사 which를 바로 연결하는 것이지요.

You didn't invite me to your party. **Which is** another way of saying you don't like me.
넌 나를 네 파티에 초대하지 않았지. 결국 그 얘기는 넌 날 안 좋아한다는 것이야.

It's raining out, **which** means we won't be going to the baseball park today.
밖에 비가 오는구나. 그렇다면 오늘 야구장은 못 가겠네.

인크레더블 **111**

🎧 06-03.mp3

He's attracted to power. So am I.
그는 힘에 매료되는 사람이에요. 저도 그렇고요.

미스터 인크레더블 '밥'은 비밀리에 자신에게 특명을 맡기겠다고 하는 '미라지'라는 미지의 여인과 만나 함께 식사하고 있네요. 대화를 나누다가 뭔가 잘못되어 가고 있다는 이상한 낌새를 눈치챕니다.

 I do usually make it a point to know who I'm working for.

 He prefers a certain amount of anonymity. Surely, you of all people understand that.

 I was just wondering, of all the places to settle down, why live...

 With a volcano? **He's attracted to power.*** So am I. It's a weakness we share.

 Seems a bit unstable.

 I prefer to think of it as misunderstood.

 Aren't we all?

밥 난 보통 내가 누구를 위해 일하는 건지 반드시 알고 일합니다.

미라지 그는 어느 정도의 익명성을 선호하죠. 분명, 다른 사람은 몰라도 당신이라면 이해하리라 생각해요.

밥 좀 궁금해서 묻는 건데요, 정착할만한 곳이 많을 텐데 하필이면 왜 그런 곳에…

미라지 왜 화산이 있는 곳에 사느냐고요? 그는 힘에 매료되는 사람이에요. 저도 그렇고요. 우리 둘 다 약한 존재들이죠.

밥 좀 불안정해 보여서요.

미라지 불안정하다기보다는 오해받고 있다고 생각하고 싶군요.

밥 사람들은 모두 오해받으며 살고 있지 않나요?

***** He's attracted to power.
'그는 힘에 매료되는 사람이에요' 〈be동사 + attracted to + 명사〉는 '~에 매료되다, 끌리다'라는 의미로 쓰이는 패턴이에요. 간단한 예로, I'm attracted to you. '난 너에게 매력을 느낀다'입니다.

영화 속 명대사로 말하기

영화 속 명대사를 활용하여 실생활에서 쓸 수 있는 표현을 익혀보세요.

1 I do usually **make it a point to know** who I'm working for.
난 보통 내가 누구를 위해 일하는 건지 반드시 알고 일합니다.

〈make it a point to + 동사〉는 '반드시 ~하다, ~하는 것을 강조/중시하다'라는 의미의 숙어예요. point를 준다고 하면 강조하거나 중시하는 것이잖아요? 그러니까, make it a point 는 '포인트를 주다/확실히 하다'라는 의미이고 뒤에 동사로 연결되니까 전치사 to가 따라 나오는 것이라고 이해하시면 좋겠네요.

I will definitely **make a point to call** you tomorrow. 내일 반드시 당신께 전화 드리겠습니다.
I always **make a point to stop** by this restaurant when I'm in town.
이 동네에 오면 꼭 이 식당은 들렀다가 간답니다.

2 He prefers a certain amount of **anonymity**.
그는 어느 정도의 익명성을 선호하죠.

anonymity는 '익명성'이라는 의미의 명사인데, 주로 형용사 anonymous로 많이 접하게 될 거예요. 조심하실 것은 비슷하게 생긴 단어 unanimous '만장일치의'와 잘 구분하세요.

Dylan spoke on condition of **anonymity**. 딜런은 익명성의 조건 하에 말하였다.
The donor wanted to remain **anonymous**. 그 기증자는 이름을 밝히고 싶어 하지 않았다.

3 I prefer to **think of it as** misunderstood.
불안정하다기보다는 오해받고 있다고 생각하고 싶군요.

〈think of something as something〉은 '이것을 ~라고 생각/간주하다'라는 의미의 패턴이에요. 간단하게 'think of it as'로 기억하세요. as 뒤에는 주로 명사가 따라오지만, 현재/과거분사가 따라 나오기도 합니다. 위의 문장에서는 과거분사가 쓰였네요.

Don't **think of it as** failure. 이것을 실패라고 생각하지 마.
I'd like to **think of it as an** opportunity. 난 이번 일을 기회라고 생각하고 싶어요.

인크레더블

영화 속 명대사 필사하기

명대사를 따라 적으며 아름다운 명대사를 마음에 새겨보세요.

> You always say, "Do your best." But you don't really mean it. Why can't I do the best that I can do?
>
> 엄만 항상 '최선을 다해라'라고 말하시죠. 하지만 별로 진심은 아니시죠. 왜 내가 할 수 있는 일에 최선을 다하면 안 되죠?
>
>

> With a volcano? He's attracted to power. So am I. It's a weakness we share.
>
> 왜 화산이 있는 곳에 사느냐고요? 그는 힘에 매료되는 사람이에요. 저도 그렇고요. 우린 둘 다 약한 존재들이죠.
>
>

> Seems a bit unstable.
>
> 좀 불안정해 보여서요.
>
>

인크레더블 115

I am your biggest fan.

난 당신의 최고 극성 팬이에요.

어린 시절 미스터 인크레더블의 사생팬이었던 '버디'는 미스터 인크레더블이 자신을 무시한 것에 대해서 앙심을 품고 악당계의 대마왕이 되어 나타났어요.

 It's bigger! It's badder! Ladies and gentlemen, it's too much for Mr. Incredible!
It's finally ready. You know, I went through quite a few supers to get it worthy to fight you, but man, it wasn't good enough!
After you **trashed*** the last one, I had to make some major modifications.
Sure it was difficult, but you are worth it. I mean, after all, I am your biggest fan.

신드롬 더 커요! 더 거칠죠! 신사 숙녀 여러분, 미스터 인크레더블에게 너무 버거운 상대인가 보네요!
마침내 준비되었다네. 있잖아, 꽤 많은 슈퍼히어로들을 무찌르고 나서야 너와 싸울 만한 놈을 만들었는데, 그런데 참 내, 그것으로도 부족했어.
네가 지난번 놈을 해치우고 나서 아주 많은 것을 수정해야 했지.
아주 힘들긴 했지만 넌 그 정도의 가치가 있으니까. 뭐, 어쨌든, 난 너의 최고 극성 팬이잖아.

 Buddy?

밥 버디?

 My name is not Buddy!

신드롬 내 이름은 버디가 아니야!

* **trash**
부수다, 엉망으로 만들다 'trash'는 '쓰레기'로 많이 알고 있죠? 구어체에서는 동사로 '때려 부수다; 엉망으로 만들어 버리다'라는 의미로 쓰입니다. 이 대화문에서는 인크레더블이 악당의 로봇을 때려 부숴서 쓰레기로 만들어 버렸다는 의미로 쓰였네요.

영화 속 명대사로 말하기

영화 속 명대사를 활용하여 실생활에서 쓸 수 있는 표현을 익혀보세요.

1 It's **too much** for Mr. Incredible!
미스터 인크레더블에게 너무 버거운 상대네요!

'too much for someone'은 '~가 감당하기엔 벅찬'이라는 의미의 표현인데 조금 더 구체적으로 표현하면, too much for someone to handle/bear '~가 감당하기엔/참아내기엔 너무 벅찬'이 되겠네요.

The pain is **too much** for me to bear. 이 고통은 내가 참아내기엔 너무 벅차요.
That movie was **too much** for me. 그 영화는 내가 감당하기엔 (무서운 정도가) 너무 심하더라고요.

2 I **went through** quite a few supers to get it **worthy** to fight you.
꽤 많은 슈퍼히어로들을 무찌르고 나서야 너와 싸울만한 놈을 만들었지.

go through는 '~을 겪다, 거치다, 뒤지다' 등의 의미로 쓰이는 숙어이고, worthy는 격식 차린 표현으로 '~받을 만한, (~을 받을) 자격이 있는, 훌륭한'이라는 의미의 형용사인데 get it worthy는 '자격을 받을 만하게, 자격을 갖추게'로 해석하시면 되겠어요.

We have **gone through** so much. 우리는 정말 많은 일을 겪었다.
I don't think I'm **worthy** of all these attention. 난 이 모든 관심을 받을만한 자격이 없는 것 같아요.

3 Sure it was difficult, but you are **worth** it.
아주 힘들긴 했지만 넌 그 정도의 가치가 있으니까.

바로 위 표현에서 나온 worthy는 '~을 받을 만한 자격이 되는'이라는 의미였는데, 이와 거의 흡사하게 생긴 단어 worth는 '(금전 등의 면에서) ~의 가치가 있는, ~해볼 만한 가치가 있는'이라는 의미의 형용사예요. worth는 형용사이지만 전치사처럼 쓰여서 뒤에 명사, 대명사, 수사, -ing형이 따라 나온답니다.

It's not **worth** a try. 이건 시도할 가치도 없어.
Do you think it's **worth** $1 million? 이게 백만 달러의 가치가 있다고 보세요?

인크레더블 117

Luck favors the prepared.

행운은 준비된 사람에게 오는 법이거든.

세상에서 가장 실력 있는 디자이너인 '에드나'는 인크레더블 가족을 위해 그들의 슈퍼파워 특성을 고려한 특수 의상을 제작했어요. 헬렌에게 그 의상들을 보여주면서 각 의상의 특징과 특이점들을 설명해 주고 있네요.

 I cut it a little roomy for the free movement. The fabric is comfortable for sensitive skin, and can also withstand a temperature of over 1000 degrees. **Completely bulletproof.*** And machine washable, darling. That's a new feature.

 What on earth do you think the baby will be doing?!

 Well, I'm sure I don't know, darling. Luck favors the prepared. I didn't know the baby's powers, so I covered the basics.

 Jack-Jack doesn't have any powers.

 No? Well, he'll look fabulous anyway.

에드나 움직이기 편하도록 내가 좀 넉넉하게 잘랐어. 섬유는 예민한 피부에도 편안하고 1,000도가 넘어가는 열에도 견딜 수 있는 섬유를 썼지. 100% 방탄복. 세탁기에 돌려도 돼요, 자기야. 그게 새로운 특징이지.

헬렌 아기가 도대체 뭘 거라고 생각하는 거죠?

에드나 뭐, 그거야 나도 모르지, 자기. 행운은 준비된 사람에게 오는 법이거든. 아기 초능력에 대해서는 몰라서 기본적인 사양만 넣었어.

헬렌 잭잭은 아무 초능력도 없어요.

에드나 그래? 뭐, 어쨌든 이거 입으면 멋져 보이기는 할 거야.

* **Completely bulletproof.**
100% 방탄복. 방수, 방탄, 방음 등 특정 성질을 막아주는 장치를 의미하는 합성어로 〈명사 + proof〉 형태입니다. 예를 들어, 방수는 waterproof, 방탄은 bulletproof, 방음은 soundproof, 그리고 방열은 heatproof 이런 식으로 쓰인답니다.

영화 속 명대사로 말하기

영화 속 명대사를 활용하여 실생활에서 쓸 수 있는 표현을 익혀보세요.

1 I cut it a little **roomy** for the free movement.
움직이기 편하도록 내가 좀 넉넉하게 잘랐어.

roomy는 '공간이 넓은, 널찍한'이라는 의미의 형용사이고 spacious와 동의어예요. 그래서, 여기에서 cut it a little roomy는 '조금 넉넉하게/널찍한 공간을 남겨두는 방식으로 잘랐다'라는 의미가 되죠. free movement는 '자유롭고 편하게 움직임'이라는 의미의 명사구예요.

I have a **roomy** car that seats six comfortably.
제 차는 여섯 명이 편하게 앉을 수 있을 정도로 실내 공간이 널찍해요.

The room is **roomy** and clean. 그 방은 널찍하고 깨끗해.

2 The fabric is comfortable for sensitive skin, and can also **withstand** a temperature of over 1000 degrees.
섬유는 예민한 피부에도 편안하고 1,000도가 넘어가는 열에도 견딜 수 있는 섬유를 썼지.

fabric은 명사로 '섬유'이고, withstand는 '견디다, 버티다, 이겨내다'라는 의미의 동사예요. 고온, 고압, 빈곤, 굶주림 등 아주 견디기 힘든 상황에서 견디고 버티고 이겨냄을 표현할 때 쓰는 단어랍니다.

No one can **withstand** her powers of seduction.
그 누구도 그녀의 강렬한 유혹에는 버틸 수가 없다.

He wasn't able to **withstand** the torture. 그는 고문을 이겨낼 수 없었지.

3 **Luck favors the prepared.**
행운은 준비된 사람에게 오는 법이거든.

일생일대의 기회가 주어지는 행운이 온다고 해도 준비가 안 된 사람에게는 그런 행운도 무용지물이죠. the prepared는 '준비된 사람'이라는 뜻으로 〈the + 형용사〉는 속성이나 집단 (~하는 사람)을 지칭하는 명사(the rich; 부자들, the good; 착한 사람들)를 나타냅니다.

A : Do you believe in luck? 행운을 믿니?
B : I do but I also believe in the saying that **Luck favors the prepared**.
믿지. 그리고 '행운은 준비된 사람에게 오는 법이다'라는 말도 믿어.

인크레더블 119

영화 속 명대사 필사하기

명대사를 따라 적으며 아름다운 명대사를 마음에 새겨보세요.

Sure it was difficult, but you are worth it.
I mean, after all, I am your biggest fan.

아주 힘들긴 했지만 넌 그 정도의 가치가 있으니까. 뭐, 어쨌든. 난 너의 최고 극성 팬이잖아.

Well, I'm sure I don't know, darling.
Luck favors the prepared.
I didn't know the baby's powers, so
I covered the basics.

뭐, 그거야 나도 모르지. 자기. 행운은 준비된 사람에게 오는 법이거든. 아기 초능력에 대해서는 몰라서 기본적인 사양만 넣었어.

Jack-Jack doesn't have any powers.

잭 잭은 아무 초능력도 없어요.

120

If the time comes, you'll know what to do.

때가 되면 네가 어떻게 해야 할지 알게 될 거야.

딸 바이올렛이 자신이 잘못해서 온 가족이 위험에 처하게 되었다고 사과하자 엄마 헬렌은 오히려 이렇게 된 것은 자신의 잘못이 더 크다면서 바이올렛을 위로하고 안심시킵니다.

 Mom! Mom, what happened on the plane, I'm sorry, I wanted to help, I mean, when you asked me to... I'm sorry.

 Shh. It isn't your fault. It wasn't fair for me to suddenly ask so much of you.
But things are different now. And doubt is a luxury we can't afford anymore, sweetie.
You have more power than you realize. Don't think. And don't worry.
If the time comes, you'll know what to do. **It's in your blood.***

바이올렛 엄마 엄마, 비행기에서 있었던 일은, 미안해요, 돕고 싶어서 그랬던 건데, 그러니까, 엄마가 나보고 부탁했을 때… 미안해요.

헬렌 쉬. 네 잘못이 아니야. 너에게 갑자기 너무 많은 것을 요구했던 것은 나도 옳지 않았어.
하지만 이젠 상황이 달라. 이제 우리에겐 의심하는 것조차도 사치란다, 얘야.
너에겐 네가 알고 있는 것보다 더 큰 초능력이 있단다. 아무 생각도 하지 말고 걱정도 하지 말아라.
때가 되면 네가 어떻게 해야 할지 알게 될 거야. 피는 못 속이니까.

* It's in your blood.
'피는 못 속이니까' 부모로부터 어떠한 특징, 속성을 물려받았을 때 우리말로 '피는 못 속인다'고 하죠. 그럴 때 쓰는 표현이 바로 It's in your blood.랍니다. 비슷한 표현으로 It runs in the family. '집안 내력이다'도 같이 알아 두세요.

영화 속 명대사로 말하기

영화 속 명대사를 활용하여 실생활에서 쓸 수 있는 표현을 익혀보세요.

1 It wasn't fair for me to suddenly **ask so much of you**.

너에게 갑자기 너무 많은 것을 요구했던 것은 나도 옳지 않았어.

fair는 '공정한, 공평한'이라는 뜻이지만, 이 문장에서는 '옳은'으로 해석할 수 있어요. 〈ask of someone〉은 '~에게 무엇을 요청/요구/부탁하다'라는 의미로 쓰이는 패턴인데 중간에 so much가 들어가면 '~에게 아주 많은 것을 요청/요구/부탁하다'라는 의미가 됩니다.

We are sorry to **ask so much of you**. 당신에게 너무 무리한 부탁을 해서 미안해요.
All I **ask of you** is to love me. 내가 당신에게 요구하는 것은 오직 나를 사랑해 달라는 것뿐이오.

2 And doubt **is a luxury we can't afford** anymore.

이제 우리에겐 의심하는 것조차도 사치란다.

luxury는 '사치, 호화로움'이라는 의미의 명사예요. 그리고, '~하는 것은 (내가 감당할 수 없는) 사치다'라고 말할 때는 위와 같이 〈~ is a luxury I/we can't afford〉 패턴으로 표현한답니다. 주어는 다양한 단어를 넣어서 활용해 보세요.

Love **is a luxury I can't afford**. 사랑이라는 감정은 나에겐 사치야.
Trust **is a luxury I can no** longer **afford**. 누군가를 신뢰한다는 것마저도 이제 나에겐 사치로 느껴진다.

3 **If the time comes**, you'll know what to do.

때가 되면 네가 어떻게 해야 할지 알게 될 거야.

If (또는 when) the time comes, you'll know. (때가 되면 알게 될 거야)에서 문장 앞을 If로 시작하면 '혹시 그런 때가 온다면'의 의미로, when을 쓰면 '그때가 되면 (언젠가 그런 때가 온다는 것이 거의 확정적)'의 뉘앙스로 이해하면 좋겠네요. 이 문장 뒤에 what to do를 넣으면 '때가 되면 네가 어떻게/뭘 해야 할지 알게 될 거야'라는 뜻이 됩니다.

When the time comes, you won't be alone. 때가 되면, 너도 혼자가 아닐 거야.
If the time comes, I will need help. 혹 그런 때가 오면, 난 도움이 필요할 거야.

🎧 06-11.mp3

We're superheroes. What can happen?
우린 슈퍼히어로들이라고요. 뭐 별일 있겠어요?

절체절명의 위험한 상황을 맞아 가족을 두고 혼자서 악의 무리와 맞서려는 미스터 인크레더블에게 아내 헬렌은 우리 가족 모두가 힘을 합쳐 싸우면 세상에 무찌르지 못할 것이 없다며 기운을 북돋워 주네요.

 I'm not strong enough.

 Strong enough. And this will make you stronger?

 Yes. No!

 That's what this is? Some sort of workout?

 I can't lose you again!* I can't. Not again. I'm not... strong enough.

 If we work together, you won't have to be.

 I don't know what'll happen.

 Hey. We're superheroes. What can happen?

밥 그만큼 강하지가 않아.

헬렌 그만큼 강하다니. 그럼 이게 당신을 더 강하게 해준다는 건가요?

밥 맞아. 아냐!

헬렌 이게 바로 그런 거였어요? 운동 비슷한 거?

밥 난 당신을 다시 잃을 수 없어! 그럴 수는 없다고. 다시는 절대… 난 그만큼 강하지 않아.

헬렌 우리가 힘을 합쳐 싸우면 당신이 그만큼 강할 필요가 없죠.

밥 무슨 일이 일어나게 될지 몰라.

헬렌 여보. 우린 슈퍼히어로들이라고요. 뭐 무슨 일 있겠어요?

> ★ **I can't lose you again!**
> '난 당신을 다시 잃을 수 없어!' 친구나 가족과 같이 내가 소중히 여기는 사람을 잃는 것을 표현할 때는 동사 lose를 쓰는데, 특히 이 대화문에서처럼 '다시는 널 잃지 않을 거야'라고 다짐하듯 말할 때 자주 사용된답니다.

영화 속 명대사로 말하기

영화 속 명대사를 활용하여 실생활에서 쓸 수 있는 표현을 익혀보세요.

1 That's what this is? Some sort of workout?
이게 바로 그런 거였어요? 운동 비슷한 거?

상대방이 한 말에 대해서 '이게 바로 그런 거였어?'라고 받을 때는 That's what this is?를 쓰는데, 때로는 묻는 게 아니라 이제서야 이해가 된다고 하며 '아 그런 거였구나'라고 할 때는 끝을 내리면서 That's what this is.라고 말합니다. 예문을 통해서 보면 이해가 잘 될 거에요. sort of는 kind of와 같은 의미로 '~같은, ~종류의'라는 뜻입니다.

It was a scam. **That's what this was.** 이것 사기였군. 바로 그거였네.
That's an apology? **That's what this is?** 그게 사과한 거예요? 이게 사과였어요?

2 If we **work together**, you won't have to be.
우리가 힘을 합쳐 싸우면 당신이 그럴 필요가 없죠.

같은 목적을 향해 힘을 합쳐 일하는 것, 협력하는 것을 work together이라고 표현해요. cooperate '협동, 협조하다'라는 단어도 있지만 이럴 때는 work together이라고 해야 어감이 더 의기투합해서 함께 노력하는 느낌이 살지요.

They **worked together** in complete harmony. 그들은 정말 조화롭게 서로 협력해가며 일을 했다.
When people **work together**, good things happen.
함께 협력하며 일을 하면 좋은 일들이 일어난다.

3 We're superheroes. **What can happen?**
우린 슈퍼히어로들이라고요. 뭐 무슨 일 있겠어요?

양쪽 어깨를 살짝 올리는 제스처를 하며 What can happen? 이라고 하면 '뭐 별일이 있겠어?'라는 뉘앙스로 문제가 될 일은 발생하지 않을 것이라는 의미랍니다. 비슷한 맥락으로 What's the worst that could happen? '일이 잘못돼 봐야 뭐 얼마나 심하겠어?' 혹은 What could possibly go wrong? '잘못될 게 도대체 뭐가 있겠어?' 이런 표현도 같이 알아두시면 좋아요.

A : You are visiting Syria? I heard it's really dangerous out there.
시리아에 간다고? 거기 정말 위험하다던데.
B : I'm a journalist. I mean, **what can happen?**
난 기자잖아. 뭐 별일이야 있겠어?

영화 속 명대사 필사하기

명대사를 따라 적으며 아름다운 명대사를 마음에 새겨보세요.

Mom! Mom, what happened on the plane, I'm sorry, I wanted to help, I mean, when you asked me to... I'm sorry.

엄마! 엄마, 비행기에서 있었던 일은, 미안해요, 돕고 싶어서 그랬던 건데, 그러니까, 엄마가 나보고 부탁했을 때… 미안해요.

_____

_____

I can't lose you again! I can't. Not again. I'm not... strong enough.

난 당신을 다시 잃을 수 없어! 그럴 수는 없다고. 다시는 절대… 난 그만큼 강하지 않아.

_____

_____

If we work together, you won't have to be. 우리가 힘을 합쳐 싸우면 당신이 그만큼 강할 필요가 없죠.

_____

126

RATATOUILLE
라따뚜이

2007년 개봉한 픽사의 8번째 장편 애니메이션 <라따뚜이>는 요즘 유행인 '먹방', '쿡방'의 원조격 영화입니다. 프랑스 일류 레스토랑의 고급스럽고 화려한 음식들을 눈으로 보기만 해도 흡족해지죠. 이 영화로 인해 다소 생소했던 프랑스의 가정식 '라따뚜이'가 전 세계적으로 유명세를 타기도 했습니다. 특별할 것 없는 보통 사람들의 음식이지만 주인공 '레미'가 천부적인 요리 실력과 정성으로 특별한 음식으로 만들며 모두를 감동시키죠.
이 영화는 천재적인 요리 재능을 가진 쥐 레미와 견습 요리사 링귀니의 우정을 그리고 있습니다. 처음엔 비위생적이고 악당 이미지가 강한 '쥐'를 주인공으로 설정하는 것에 대해 내부 반대가 심했다고 해요. 픽사의 엄청난 기술력이라면 쥐를 너무나도 사실적으로 표현해 거부감이 들 수도 있다는 우려 때문이었죠. 하지만 결과적으로는 충분히 사실적이면서도 사랑스러운 쥐 '레미'가 탄생했습니다. 이 영화는 레미와 링귀니의 우정 이야기임과 동시에 '모두가 요리할 수 있다'는 말을 가슴에 새기고 요리사로서 성공하는 '레미'의 성공기이기도 합니다. 누구나 꿈꾸는 무언가가 될 수 있다는 용기를 불어넣어 주는 이 영화 속 명장면으로 함께 들어가 볼까요?

등장인물 소개 Main Characters

레미 Remy
후각과 미각이 매우 예민하고 영리한 대장금 스타일의 생쥐예요. 우연히 프랑스 파리의 유명한 구스토 레스토랑의 지하에서 살게 되는데, 그곳에 갓 취직한 어리버리한 링귀니를 도와 인간들의 요리세계에 발을 들이게 됩니다.

링귀니 Linguini
구스토 레스토랑에 청소부로 취직하게 된 청년. 레미의 도움을 받아 본의 아니게 사람들에게 천재 요리사로 오해받게 되죠. 후에 구스토의 친아들이라는 출생의 비밀이 밝혀지면서 구스토 레스토랑의 주방장 겸 사장이 됩니다.

콜레뜨 Collete
남자들만이 인정받는 요리계에서 엄청난 노력과 강단으로 인정받은 구스토 레스토랑의 유일한 여자 요리사. 링귀니에게 주방일과 요리를 가르쳐주는 역할을 담당하는데, 링귀니와의 관계가 심상치 않네요.

스키너 Skinner
구스토 레스토랑의 악덕 주방장. 링귀니의 요리실력을 의심해 그를 어딘가에 숨어서 도와주고 있는 존재를 백방으로 찾아다닙니다. 심술쟁이 스키너의 최후를 기대하세요.

안톤 이고 Anton Ego
프랑스 레스토랑 계에서 절대적 영향력을 행사하는 음식 평론가. 레미와 링귀니 합작의 라따뚜이를 맛보게 되면서 그 맛을 믿게 되고 구스도 레스투랑의 단골이 됩니다.

🎧 07-01.mp3

Stay out of the kitchen and away from the humans.

주방에는 얼씬도 하지 말고 인간들 근처에도 가면 안돼.

쥐들이 항상 인간들이 먹다 버린 냄새 나고 더러운 음식쓰레기를 주워먹는 것을 못마땅하게 여기던 레미는 왜 그렇게 살아야만 하느냐며 아빠와 다퉈요. 레미는 질 좋고 맛있는 음식을 먹고 싶다며 인간들의 요리에 관심을 갖게 되죠.

 Look, if we're going to be thieves, why not steal the good stuff in the kitchen, where nothing is poisoned?

레미 보세요. 어차피 도둑질을 할거라면 주방에서 좀 좋은 음식들을 훔치는 게 낫지 않을까요. 독성이 없는 걸로?

 First of all, we are not thieves. Secondly, stay out of the kitchen and away from the humans. It's dangerous.

아빠 일단, 우리는 도둑이 아니야. 그리고 말이야. 주방에는 얼씬도 하지 말고 인간들 근처에도 가면 안돼. 위험하다구.

 I know I'm supposed to hate humans, but there's something about them. They don't just survive. They discover, they create. I mean, just look at what they do with food.

레미 저도 인간들을 미워해야만 한다는 것은 알지만 그들에겐 뭔가 특별한 것이 있어요. 그들은 그냥 살기 위해 사는 것이 아니라 발견하고 창조하죠. 그러니까 제 말은 그들이 음식으로 무엇을 하는 지 한 번 보세요.

 How can I describe it?* Good food is like music you can taste, color you can smell. There is excellence all around you. You need only be aware to stop and savor it.

TV속 요리사 구스토 이것을 어떻게 설명해야 할까요? 좋은 음식은 맛볼 수 있는 음악과 같고, 향을 맡을 수 있는 색깔과 같아요. 당신들 주변엔 훌륭한 것들이 넘쳐나죠. 단지 당신은 잠시 멈추어 서서 그것들을 음미할 수 있기만 하면 된답니다.

★ **How can I describe it?**
'이것을 어떻게 설명해야 할까요?' 그림과 같은 작품, 음식 등을 평가할 때 너무 좋아서(혹은 그 반대) 감히 표현하기 힘들 때 할 수 있는 말입니다.

1. **Stay out of** the kitchen and away from the humans.

주방에는 얼씬도 하지 말고 인간들 근처에도 가면 안돼.

Stay out of somewhere/something은 '~ 얼씬도 하지 말아라'라는 의미인데, 사람들이 다툴 때 말리거나 참여하려고 끼어드는 사람에게 '넌 빠져있어; 끼어들지마'라는 의미로 (you) stay out of it! 이렇게 말하기도 합니다. Stay away from something/someone은 '~로부터 멀리해라; 근처에도 가지 말아라'라는 의미예요.

Stay out of trouble. 나쁜 짓 하고 다니지 마; 착하게 살아.
I try to **stay away from** sugar. 난 설탕은 근처에도 가지 않으려고 해.

2. I know I'm supposed to hate humans, but **there's something about** them.

나도 인간들을 미워해야만 한다는 것은 알지만 그들에겐 뭔가 특별한 것이 있지.

There's something about something/someone은 '~에겐 뭔가 특별한 것이 있다'라는 의미로 굳어진 표현이에요. 예전에 '캐머런 디아즈'가 주연(Mary 역)으로 나왔던 유명한 영화 제목이 There's something about Mary. '메리에겐 뭔가 특별한 것이 있다' 였답니다.

There's something about this place. It's just amazing.
이 곳엔 뭔가 특별한 것이 있어. 정말 놀라워.

I'm just saying, **there's something about** this girl.
내 말은 그러니까 그냥, 그 여자에게는 뭔가 특별한 것이 있다는 거야.

3. You need only **be aware** to stop and **savor** it.

단지 당신은 잠시 멈추어 서서 그것들을 음미할 수 있기만 하면 된답니다.

〈be동사 + aware〉는 '~을 알고 있는/자각하고 있는/의식하고 있는'이라는 의미예요. savor는 '(맛/풍미/순간/시/음악 등을) 음미하다'라는 의미입니다.

You should **be aware** of it. 너는 그것을 자각해야 한다.
Savor the good times with your friends! 친구들과 즐거운 시간을 만끽해라!

🎧 07-03.mp3

Don't be so modest.
You're a rat, for Pete's sake.

이봐, 그렇게 겸손하게 굴지마. 넌 쥐라고, 이런 제길.

레미의 도움으로 자신이 요리를 할 수 있었다는 것을 알게 된 링귀니가 레미와 대화를 시도합니다. 그러다가 문득 깨닫게 되죠. 레미와 팀이 되어 요리를 하면 자신이 레스토랑에서 잘리지 않고 계속 일할 수 있으리라는 것을요.

 I can't cook, can I? But you... You can! Right?
Look, **don't be so modest.*** You're a rat, for Pete's sake.
Whatever you did, they liked it. Yeah. This could work. Hey, they liked the soup! They liked the soup. Do you think you could do it again?
Okay, I'm going to let you out now. But we're together on this, right?

링귀니 난 요리를 못해, 할 수 있나? 하지만 넌… 넌 할 수 있어! 맞지?
이봐, 그렇게 겸손하게 굴지마, 넌 쥐라고, 이런 제길.
네가 뭘 했건 간에, 그들이 그것을 좋아했어. 그래. 이렇게 하면 되겠다. 야, 그들이 그 수프를 좋아했다고!
그들이 수프를 좋아했어. 너 다시 한 번 그걸 만들 수 있을 것 같니?
좋아, 이제 널 나오게 해줄게. 하지만 우린 이제 같은 배를 탄 거다. 그지?

* Don't be so modest.
'겸손하게 굴지마' modest는 긍정적인 느낌의 '겸손한'이라는 의미로 쓰이는 형용사예요. modest와 동의어인 humble은 '겸허한, 겸손한, (지위, 신분이) 미천한, 보잘것없는'의 의미로 문어체에서 더 잘 쓰이는 단어랍니다.

영화 속 명대사로 말하기

영화 속 명대사를 활용하여 실생활에서 쓸 수 있는 표현을 익혀보세요.

1 You're a rat, **for Pete's sake**.
넌 쥐라고, 이런 제길.

for Pete's sake은 어떤 말을 하기 전이나 후에 '이런 젠장; 제길'이라고 하며 부정적인 감정을 강조할 때 쓰는 표현이에요. 원래는 for God's sake이나 for Christ's sake이 더 많이 쓰이는데, for Pete's sake도 같은 의미로 쓰이는 표현 중에 하나랍니다.

Where have you been, **for God's sakes**? 야, 도대체 지금까지 어디 있었던 거야, 이런 젠장?
For Pete's sake, stop complaining! 이런 젠장, 그만 좀 불평하라고!

2 **Whatever you did**, they liked it.
네가 뭘 했건 간에, 그들이 그것을 좋아했어.

whatever를 활용할 때 문장에서 어떻게 써야 할지 모르는 사람이 참 많더라고요. 문장으로 익혀서 실생활에 활용해서 쓸 수 있도록 위의 문장을 익혀두세요. 〈Whatever + 주어 + 동사〉 패턴 뒤에 다른 문장을 하나 더 써서 넣어주면 된답니다.

Whatever it is, I really don't care. 무엇이건 간에 난 정말 신경 안 써.
Whatever you want, you can have it. 원하는 것이 무엇이건 간에, 가져도 좋아.

3 **We're together on this**, right?
우린 이제 같은 배를 탄 거다, 그지?

'우린 이제 같은 배를 탔다, 공동운명체이다'라고 말하고 싶을 때 이 표현을 써 보세요. 영어 표현 중 We are in the same boat는 '같은 배를 탔으니 협력하자'가 아니라 '지금 나도 너와 같은 상황이다/처지다'라는 의미이니 구분하세요.

You are not alone. **We are together on this** journey.
넌 혼자가 아니야. 우리는 같은 배를 타고 이 여정을 함께 하는 거야.

We are together on this fight against sexism.
우리는 성차별에 대항하여 한 배를 탔다.

영화 속 명대사 필사하기

명대사를 따라 적으며 아름다운 명대사를 마음에 새겨보세요.

I know I'm supposed to hate humans, but there's something about them.
저도 인간들을 미워해야만 한다는 것은 알지만 그들에겐 뭔가 특별한 것이 있어요.

They don't just survive. They discover, they create.
그들은 그냥 살기 위해 사는 것이 아니라 발견하고 창조하죠.

Do you think you could do it again?
너 다시 한 번 그걸 만들 수 있을 것 같니?

Okay, I'm going to let you out now.
좋아, 이제 널 나오게 해줄게.

But we're together on this, right?
하지만 우린 이제 같은 배를 탄 거다, 그지?

Change is nature, Dad.
변화가 바로 자연의 섭리예요, 아빠.

레미 아빠가 인간들과 너무 가깝게 지내는 레미가 걱정된 나머지 인간들이 쥐들을 얼마나 잔인하게 죽이는지 보여주며 인간들과 절대 친해지지 말라고 경고합니다. 그러나 레미가 쥐 세계로 돌아가기에는 이미 너무 멀리 왔네요.

 No. Dad, I don't believe it. You're telling me that the future is… Can only be more of this?

 This is the way things are. You can't change nature.

 Change is nature,* Dad. The part that we can influence. And it starts when we decide.

 Where you going?

 With luck, forward.

레미 아니오, 아빠, 전 안 믿어요. 그러니까 아빠 말씀은 미래는… 미래에는 이런 일들이 더 일어날 뿐이라는 거잖아요?

아빠 세상이 원래 이런 거란다. 자연의 섭리를 바꿀 수는 없어.

레미 변화가 바로 자연의 섭리예요, 아빠. 우리가 영향을 미칠 수 있는 부분. 그리고 그것은 우리의 결정으로 시작되죠.

아빠 너 어디 가니?

레미 행운을 빌며, 앞으로요.

* **Change is nature.**
'변화가 바로 자연의 섭리예요' 이 말이 함축하는 의미는 삶은 변화하는 것이 자연스러운 것이니 변화를 삶의 일부로 받아들여야 한다는 것이죠. Change is nature of life. 라고 표현할 수도 있답니다.

영화 속 명대사로 말하기

영화 속 명대사를 활용하여 실생활에서 쓸 수 있는 표현을 익혀보세요.

1 This is the way things are.
세상이 원래 이런 거란다.

'사는 건 원래 그런 거야, 세상은 원래 그렇게 돌아가는 거야'라는 의미로 This is the way things are. This is the way life is. 또는 This is the way it is. 이런 표현이 있습니다. This is 대신에 That's 라고 쓰는 경우도 많고요. 참고로, That's the way the cookie crumbles. '과자가 원래 그렇게 부서진단다; 세상이 원래 그런 거란다'라는 표현도 같이 알아두세요.

I know you don't like it. But **that's just the way it is** around here.
네가 마음에 안 들어 한다는 건 알아. 하지만 이 동네에선 원래 다 그렇게 산단다.

That's the way things are. Get used to it. 세상이 원래 이런 거란다. 익숙해지렴.

2 It starts when we decide.
그것은 우리의 결정으로 시작되죠.

앞에서 변화에 대한 이야기를 나누다가 레미가 아빠에게 변화하는 것은 자연스러운 것이고 그것은 우리의 결정으로 시작된다고 말하는 장면에서 나온 표현이에요. 이 부분은 앞에 나온 Change is nature라는 대사와 함께 외워두면 좋을 만한 대사랍니다.

A : Change is dangerous. 변화는 위험한 거야.
B : Change is nature. And **it starts when we decide**.
　　변화는 자연의 일부야. 그리고 그것은 우리가 결정할 때 비로소 시작되지.

3 With luck, forward.
행운을 빌며, 앞으로요.

아빠가 레미에게 Where (are) you going? '어디로 가니?'라고 물었을 때 레미가 한 대답이에요. 질문에 대한 직접적인 대답은 아니지만 어디로든 희망찬 미래가 있는 forward '앞으로' 나아가겠다는 것이지요. With luck '행운을 가지고' 즉, '행운을 빌며' 말이죠.

I'm going **forward** and staying positive. 난 앞으로 전진할 것이고 긍정적인 마음을 유지하며 살 것이야.
You can't win the championship **with luck**. 운으로 챔피언 지리에 오를 수는 없어.

라따뚜이 137

🎧 07-07.mp3

I am only as free as you imagine me to be.

난 네가 나를 상상하는 만큼만 자유롭단다.

스키너에게 붙잡힌 레미가 차 트렁크 안에 갇혀 실의에 빠져 있는데 다시 구스토의 환영이 나타납니다. 구스토는 레미에게 무슨 말을 해 주었을까요?

 So, we have given up.

 Why do you say that?

 We are in a cage inside the car trunk awaiting a future in frozen food products.

 No, I'm the one in a cage. I've given up. You are free.

 I am only as free as you imagine me to be. As you are.

 Oh, please. **I'm sick of pretending.*** I pretend to be a rat for my father. I pretend to be a human through Linguini. I pretend you exist so I have someone to talk to! You only tell me stuff I already know! I know who I am! Why do I need you to tell me? Why do I need to pretend?

 But you don't, Remy. You never did.

구스토 그래서, 우리 이제 포기한 거로구나.

레미 왜 그렇게 말씀하시죠?

구스토 지금 차 트렁크 속 새장에 갇혀 냉동식품 안에서 펼쳐질 미래를 기다리고 있잖아.

레미 아니에요. 새장에 갇힌 건 저예요. 전 포기했지요. 당신은 자유예요.

구스토 난 네가 나를 상상하는 만큼만 자유롭단다. 너만큼만.

레미 오, 제발. 전 이제 무엇인 척하는 건 지쳤어요. 전 우리 아빠를 위해 쥐인 척 해요. 링귀니를 통해 사람인 척 하고요. 말할 상대가 필요해서 당신이 존재하는 척 하고 있어요! 당신은 내가 아는 것만 얘기한다고요! 난 내가 누군지 알아요! 왜 제가 당신이 나에게 뭘 말해주기를 바래야 하죠? 난 왜 무언가인 척 해야 하는 거냐고요?

구스토 하지만 넌 척 하는 게 아니야. 레미. 넌 그런 적이 한번도 없어.

> * **I'm sick of pretending.**
> '척하는 건 이제 지쳤어요' '지쳤다' 또는 '더 이상은 지긋지긋하다'라고 할 때는 〈be동사 + sick of + 명사/동명사〉 패턴을 쓰지요.

영화 속 명대사로 말하기

영화 속 명대사를 활용하여 실생활에서 쓸 수 있는 표현을 익혀보세요.

1. We are in a cage inside the car trunk **awaiting** a future in frozen food products.
지금 차 트렁크 속 새장에 갇혀 냉동식품 안에서 펼쳐질 미래를 기다리고 있잖아.

cage는 '(쇠창살로 만든) 짐승의 우리, 새장'이고, await은 '~을 기다리다' 즉, wait for와 같은 표현인데 await은 뒤에 따라오는 전치사 없이 혼자 쓴답니다. '냉동식품'은 frozen food 라고 하고요.

We are **awaiting** your prompt reply. 우리는 당신의 즉각적인 응답을 기다리고 있습니다.
My love **awaits** me by the sea. 내 사랑이 바다에서 나를 기다리네.

2. **I'm the one** in a cage.
새장에 갇힌 건 저예요.

상대방이 한 발언에 대해서 반박하면서 '~한 건 네가 아니고 바로 나다'라고 할 때는 〈I'm the one + who/that절〉을 써요. 지금의 문장에서는 I'm the one (who is) in a cage에서 중간에 who is가 생략된 것이랍니다.

Hey, **I'm the one** who told you about that! 야, 그것에 대해서 너에게 얘기해 준 건 나잖아!
I'm the one who has lost everything. 모든 걸 잃은 사람은 바로 나라고.

3. I am only **as free as you imagine** me to be.
난 네가 나를 상상하는 만큼만 자유롭단다.

문장이 조금 복잡한 구조로 되어있네요. 〈as + 형용사 + as + 주어 + 동사〉는 '~가 ~하는 만큼 ~한'이라는 의미의 패턴인데 예를 들어, as much as you need라고 하면 '네가 필요로 하는 만큼 많이'라는 의미가 되죠. 여기서 조금 더 나아가서 동사 뒤에 someone to be를 넣어서 위의 문장처럼 만들면 '~가 ~에게 ~하는 만큼 ~한'인데 너무 복잡하니까 아래의 예문을 통해 확인하세요.

I'm sorry I'm not **as pretty as you want** me to be.
네가 나에게 원하는 만큼 내가 예쁘지 않아서 미안하다.
He's not **as crazy as people imagine** him to be. 그는 사람들이 상상하는 것만큼 미치진 않았다.

영화 속 명대사 필사하기

명대사를 따라 적으며 아름다운 명대사를 마음에 새겨보세요.

Change is nature, Dad.
변화가 바로 자연의 섭리예요, 아빠.

The part that we can influence. And it starts when we decide.
우리가 영향을 미칠 수 있는 부분. 그리고 그것은 우리의 결정으로 시작되죠.

But you don't, Remy.
하지만 넌 척 하는 게 아니야, 레미.

You never did.
넌 그런 적이 한번도 없어.

Well, the truth sounds insane sometimes.

뭐, 원래 진실이라는 것이 때때로 미친 것처럼 들릴 때가 있죠.

링귀니는 지금껏 그가 훌륭한 요리를 할 수 있었던 이유는 바로 레미가 숨어서 그를 도왔기 때문이라고 주방의 모든 동료에게 드디어 고백하는군요.

Don't touch him! Thanks for coming back, Little Chef.
I know this sounds insane, but… Well, the truth sounds insane sometimes.
But that doesn't mean it's not… the truth. And the truth is, I have no talent at all.
But this rat, he's the one behind these recipes. He's the cook. The real cook.
He's been hiding under my **toque**.* He's been controlling my actions.
He's the reason I can cook the food that's exciting everyone.
The reason Ego is outside that door. You've been giving me credit for his gift.
I know it's a hard thing to believe. But, hey, you believed I could cook, right?

링귀니 그를 건드리지 매. 돌아와 줘서 고마워, 작은 주방장.
내가 말하는 게 미친 사람처럼 들릴 거라는 건 알아요, 하지만… 뭐, 원래 진실이라는 것이 때때로 미친 소리처럼 들릴 때가 있죠.
하지만 이것이 진실이 아니라는 건 아니에요. 진실은 뭐냐 하면, 전 재능이 전혀 없어요.
하지만 이 쥐가, 그가 이 모든 조리법 뒤에 숨어있던 존재예요. 그가 요리사라고요. 진짜 요리사.
그는 제 주방 모자 밑에 숨어있었어요. 그가 내 행동을 조종하고 있었고요.
내가 모두를 흥분시키는 음식을 만들 수 있던 이유는 바로 얘 때문이에요.
이고가 저 문밖에 있는 이유고요. 당신들은 그의 재능에 대해서 나를 인정해 준 거예요.
물론 믿기 어렵다는 것은 알아요. 하지만, 뭐, 당신들은 한때 제가 요리를 할 수 있다고 믿기도 했었잖아요. 그렇죠?

---

* **toque**
'주방용 모자' 주방이나 빵집 같은 데서 쓰는 둘레에 주름 잡힌 조리용 모자를 '토크'라고 불러요. 그런데, 이 모자 말고도 꼭대기에 방울 달린 털모자, 일명 군밤 장수 모자도 '토크'라고 부른답니다.

영화 속 명대사로 말하기 — 영화 속 명대사를 활용하여 실생활에서 쓸 수 있는 표현을 익혀보세요.

1 The truth sounds **insane** sometimes.
원래 진실이라는 것이 때때로 미친 소리처럼 들릴 때가 있죠.

insane은 crazy '미친'과 동의어에요. 구분하자면 insane은 상식에서 벗어난 일을 하는, 정신병자라는 의미이고 crazy는 미치다 외에 '열광적이다'라는 의미가 강합니다. 진실이 거짓보다도 더 미친 소리처럼 들릴 때가 있죠. 진실이라고 해서 모두 다 아름다운 것은 아니까요. 사람들이 내가 전하는 진실을 믿지 않으려고 할 때 이 표현을 써 주세요.

A : Are you saying that you are the criminal? That's ridiculous!
  네 말은 지금 네가 범인이라는 얘기니? 말도 안 되는 소리!
B : I know that sounds **insane**. But the truth sounds insane sometimes.
  미친 소리로 들린다는 건 알아. 하지만 때때로 진실이 미친 소리처럼 들릴 때가 있잖니.

2 He's the reason I can cook the food that's exciting everyone.
내가 모두를 흥분시키는 음식을 만들 수 있던 이유는 바로 얘 때문이에요.

'~가 바로 ~한/~에 대한 이유이다'는 〈someone/something is the reason + that절〉로 표현할 수 있어요. 이 문장에서는 that이 생략되었군요. 하지만, 뒤에서 that절이 한 번 더 나오죠? 위와 같은 문장에는 that절이 두 번이나 나와서 헷갈릴 수 있으니 해석에 유의하세요.

You are the reason I made this song. 네가 바로 내가 이 노래를 만든 이유야.
She's the reason I wake up every morning. 그녀가 바로 매일 아침 내가 눈을 뜨는 이유이다.

3 You've been **giving me credit for** his gift.
당신들은 그의 재능에 대해서 나를 인정해 준거에요.

give someone credit for something은 '~에게 한 자질이 있음을 인정하다, 공로를 인정하다'라는 의미로 쓰이는 관용표현이에요. credit은 여러분이 잘 아는 크레딧 카드의 '신용'의 뜻도 있지만 여기서는 '칭찬, 인정'이라는 의미로 쓰였어요.

You never **give me credit for** anything I do. 넌 단 한번도 내가 하는 일에 대해서 인정해 준 적이 없어.
We have to **give him some credit** for his patience.
그의 인내심에 대해서는 정말 인정해 줘야 한다.

Chef Gusteau's famous motto, "Anyone can cook."

구스토 요리사의 유명한 좌우명, '누구나 요리를 할 수가 있다'

레미가 만든 요리에 대한 요리 평론가 안톤 이고의 길고 긴 리뷰 가운데 한 부분이에요. 얼마나 감동적인지 여러분도 같이 감상해 보세요.

In the past,* I have made no secret of my disdain for Chef Gusteau's famous motto, "Anyone can cook."
But I realize only now do I truly understand what he meant.
Not everyone can become a great artist, but a great artist can come from anywhere.
It is difficult to imagine more humble origins than those of the genius now cooking at Gusteau's, who is, in this critic's opinion, nothing less than the finest chef in France.
I will be returning to Gusteau's soon, hungry for more.

안톤 과거에, 나는 구스토 요리사의 유명한 좌우명, '누구나 요리를 할 수가 있다'를 공공연하게 멸시했었다.
하지만 나는 이제서야 그의 말이 무슨 뜻이었는지 진정으로 이해하게 되었다.
모두가 다 위대한 예술가가 될 수 있는 것은 아니지만, 위대한 예술가는 어디에서든 나올 수가 있다는 것.
지금 구스토에서 요리하고 있는 천재, 이 비평가의 의견으로는, 프랑스에서 가장 유능한 요리사라고 감히 부를 수 있는 그보다 더 미천한 배경을 가진 사람을 상상하기도 어렵다.
나는 곧 구스토로 돌아갈 것이다. 더욱 갈망하며.

> ★ **In the past**
> 과거에는: '과거에는'과 '현재는', '미래에는'이라고 말할 때는 같은 형식으로 in the past, in the present, in the future라고 쓰는 것을 기억해 주세요. 참고로, Live in the present!는 '현재에 충실하며 살아라'라는 의미입니다.

영화 속 명대사로 말하기

영화 속 명대사를 활용하여 실생활에서 쓸 수 있는 표현을 익혀보세요.

1 I have **made no secret of** my **disdain for** Chef Gusteau's famous motto, "Anyone can cook."

과거에, 나는 구스토 요리사의 유명한 좌우명, '누구나 요리를 할 수가 있다'를 공공연하게 멸시했었다.

맨 앞에 나오는 'I have made no secret of ~'은 '비밀로 하지 않았다' 곧, '공공연하게 했다'는 의미로 해석하면 되겠어요. disdain은 '무시, 업신여김'이라는 의미의 명사인데, 전치사 for와 함께 쓰여 disdain for something/someone이라고 하면 '~대한 경멸(감)'이라는 뜻이에요. Motto는 '좌우명'이고요.

I make no secret of my feelings toward him. 나는 그에 대한 나의 감정을 숨기지 않는다.
People have a **disdain for** politicians in general. 사람들은 대체로 정치인을 경멸한다.

2 **Not everyone can** become a great artist, but a great artist can come from anywhere.

모두가 다 위대한 예술가가 될 수 있는 것은 아니지만, 위대한 예술가는 어디에서든 나올 수가 있다는 것.

〈Not everyone + 동사〉는 '모두가 다 ~은 아냐'라는 의미로 많이 쓰이는 패턴이에요. 상대방의 태도나 생각 혹은 발언에 대해 반박하면서 '다 그런 것은 아냐'라는 뉘앙스로 말할 때 활용할 수 있답니다.

Not everyone thinks the way you think. 모두가 다 너처럼 생각하는 것은 아냐.
Not everyone wants to be successful. 모든 사람이 다 성공하기를 원하는 것은 아냐.

3 I will be returning to Gusteau's soon, **hungry for** more.

나는 곧 구스토로 돌아갈 것이다. 더욱 갈망하며.

hungry for something은 '~을 갈망하는, 몹시 ~을 원하는'이라는 의미의 숙어예요. 2002년 월드컵 때 히딩크 감독이 승리에 대해 갈망하며 '우린 아직 배고프다'라고 말한 것처럼 '~에 대한 갈망'을 표현할 때 영어로는 hungry for something이라고 합니다.

We are **hungry for** more of you. 우리는 당신을 더욱더 갈구합니다.
People are **hungry for** change. 사람들은 변화를 갈망하다

영화 속 명대사 필사하기

명대사를 따라 적으며 아름다운 명대사를 마음에 새겨보세요.

You've been giving me credit for his gift.
당신들은 그의 재능에 대해서 나를 인정해 준거에요.

I know it's a hard thing to believe. But, hey, you believed I could cook, right?
물론 믿기 어렵다는 것은 알아요. 하지만, 뭐, 당신들은 한때 제가 요리를 할 수 있다고 믿기도 했었잖아요, 그렇죠?

Not everyone can become a great artist, but a great artist can come from anywhere.
모두가 다 위대한 예술가가 될 수 있는 것은 아니지만, 위대한 예술가는 어디에서든 나올 수가 있다는 것.

벅스 라이프

1998년 픽사는 〈토이 스토리〉에 이어 두 번째 장편 애니메이션 〈벅스 라이프〉를 공개합니다. 괴짜 발명가인 개미 '플릭'은 늘 멋진 발명품을 선보이지만 무시당하기 일쑤입니다. 한편 플릭이 살고 있는 개미 왕국은 메뚜기들로부터 괴롭힘을 당하는데요, 늘 무시당하던 플릭과 엉뚱한 곤충 서커스단이 힘을 합쳐 메뚜기들로부터 개미 왕국을 지킨다는 내용입니다.

이 영화는 귀여운 곤충들을 주인공으로 내세워 아이들의 취향 저격에 성공하며 〈토이 스토리〉의 흥행 성적을 뛰어넘는 성과를 보였습니다. 3억6천만 달러의 수익과 더불어 1998년 최고 애니메이션 흥행작이 되었으니 어느 정도 인기였는지 짐작할 수 있겠죠?

이 영화 최고의 명장면은 플릭이 개미 왕국의 꼬마 공주에게 '작은 씨앗 안에 큰 나무가 될 가능성이 있다'고 말하는 장면일 것입니다. 아직은 땅속에 있는 씨앗이니 자신의 가능성을 믿고 나아가면 언젠가는 큰 나무가 될 수 있다는 영화의 메시지를 잘 나타내주는 대사이죠. 혹시 이 영화를 다시 본다면 오프닝에 주목하세요. 영화 초반에 '버그 캠' 기법이 사용되었는데요, 관객으로 하여금 곤충의 시선으로 세상을 바라보는 것 같은 효과를 실감 나게 표현했다고 합니다. 이러한 기법으로 캐릭터의 몰입도를 높일 수 있었죠. 자, 그럼 바람 잘 날 없는 개미 왕국의 이야기 〈벅스 라이프〉 속으로 들어가 볼까요?

등장인물 소개 Main Characters

플릭 Flik

발명왕 일개미. 발명품이 대부분 실패작이라 다른 개미들에게 괴짜 취급을 받지만, 개미 왕국을 위해서라면 메뚜기 대장 하퍼와 맞짱 뜨는 담대한 개미 사나이죠. 결국, 그의 기지로 개미 왕국을 메뚜기들로부터 구하게 됩니다.

아타 공주 Atta

개미 왕국을 다스리게 될 차기 여왕. 그러나 아직 서툴고 마음이 여려 개미 왕국을 다스리기엔 부족함이 많네요. 큰 공을 세운 플릭에게 호감을 느끼기도 하고 그의 거짓말을 알게 되어 실망하지만, 결국엔 그와의 관계를 회복하지요.

도트 공주 Dot

아타 공주의 동생으로 약하지만 아주 용감하죠. 유일하게 플릭을 믿고 따라줍니다. 메뚜기들로부터 습격을 받자 친구들과 '걸 스카우트'를 꾸려 플릭을 돕지만 하퍼에게 인질로 잡히는 우여곡절도 겪습니다.

피티 벼룩의 곤충 서커스단 P.T. Flea's Circus Crew

무당벌레 프랜시스, 대벌레 슬림, 독일계 애벌레 하임리, 영국계 마술사 사마귀 매니, 집시 나방 종의 화려한 외모의 나방 집시, 과부 거미 로지, 남방장수풍뎅이 딤 등으로 이루어진 2류 서커스단입니다. 오헤로 인해 개미 왕국 용병으로 갔지만, 우여곡절 끝에 그들의 대업에 합류합니다.

하퍼 Hopper

카리스마로 대중을 압도하는 메뚜기 대장. 딱히 식량이 필요 없을 때도 기강을 잡기 위해서 개미들에게 식량을 요구하며 위협합니다. 그에게 함부로 대들다가는 뼈도 못 추리지만 새를 만나면 시리즈바고 뛰고 헹굉신답니다.

Everything that made that giant tree is already contained inside this tiny little seed.

이 거대한 나무를 자라게 하는 능력이 이미 이 작디작은 씨앗 안에 다 들어있단다.

플릭 아저씨가 어린 도트 공주에게 돌을 쥐여주며 작은 씨앗이 자라 나중에 큰 나무로 자란다고 세상의 이치에 대해 설명하는 장면입니다. 이 쉽지 않은 이치를 도트 공주는 잘 이해할 수 있을까요?

 Pretend... pretend that that's a seed.

 It's a rock.

 I know it's a rock. I know.
But let's just pretend for a minute it's a seed. **We'll just use our imaginations.** *
Now, do you see our tree?
Everything that made that giant tree is already contained inside this tiny little seed.
All it needs is some time, a little bit of sunshine and rain, and... voila!

 This rock will be a tree?

플릭 이게 씨앗이라고 가정해 보자.

도트 돌이잖아요.

플릭 이게 돌이라는 건 나도 알아. 안다고. 하지만 잠시 이걸 씨앗이라고 가정해 보자고, 상상해 보자는 말이야.
자, 이 나무가 보이니?
이 거대한 나무를 자라게 하는 능력이 이미 이 작디작은 씨앗 안에 다 들어있단다. 어느 정도의 시간과 햇빛, 그리고 비만 있으면 되는 거야. 그리고… 짜잔!

도트 이 돌이 나무가 된다고요?

---

* We'll just use our imaginations.
'상상해 보자는 말이야' 상상해 보라고 할 때는 간단하게 동사로 Imagine! 혹은 let's imagine!이라고 해도 좋지만, use your imaginations!라고 하면 좀 더 고급스럽게 느껴지죠.

영화 속 명대사로 말하기
영화 속 명대사를 활용하여 실생활에서 쓸 수 있는 표현을 익혀보세요.

1 **Pretend** that that's a seed.
이게 씨앗이라고 가정해 보자.

Pretend는 '~인 척하다, ~이라고 가장/상상하다'라는 의미가 있는데 이 문맥에서는 더 자연스럽게 해석하기 위해 '가정하다'로 해석했어요. 여기서는 that이 두 번 연속으로 나왔는데 앞의 that은 관계대명사이고 두 번째 that은 지시대명사이니 잘 구분하세요.

Let's **pretend** that we are all from another planet.
우리가 모두 다른 행성에서 왔다고 상상해 보자.

I know that you are just **pretending** to be happy. 네가 그냥 행복한 척하고 있다는 거 난 다 알아.

2 **Everything that** made that giant tree is already **contained** inside this tiny little seed.
이 거대한 나무를 자라게 하는 능력이 이미 이 작디작은 씨앗 안에 다 들어있단다.

주어구는 'Everything that made that giant tree'입니다. '저 거대한 나무를 만든 모든 것' 바로 다음이 is already contained '이미 내포되어 있다, 들어있다', 마지막 부분이 inside this tiny little seed '이 작은 씨앗 안에' 이렇게 됩니다.

You should appreciate **everything that made** you who you are.
너를 네가 될 수 있게 만들어 준 모든 것들에 감사하며 살아야 한다.

The information is already **contained** in the list. 그 정보는 이미 그 목록에 들어있다.

3 **All it needs is** some time, a little bit of sunshine and rain, and... **voila**!
어느 정도의 시간과 햇빛, 그리고 비만 있으면 되는 거야. 그리고… 짜잔!

〈All + 주어 + need + be동사〉는 '그것이 필요로 하는 것은 ~뿐이다'라는 의미의 패턴입니다. 예를 들어, All I need is money. '내가 필요로 하는 것은 돈뿐이야', All he needs is fame. '그는 명성만을 원할 뿐이야' 이렇게 쓰지요. viola는 위에서는 '짜잔'이라고 해석을 했는데, 성공이나 만족의 표시로 '자, 보아라, 어때, 보란 말이다'라는 의미로 쓰는 표현이에요.

All we need is love. 우리에게 필요한 것은 사랑뿐이야.

Voila! Now, you have the most beautiful eyes. 보세요! 이제 당신의 눈이 세상에서 제일 아름다워요.

For the colony and for oppressed ants everywhere!
이 군락과 세상의 모든 억압받는 개미들을 위해서!

메뚜기들을 물리칠 강한 벌레들을 찾기 위해 도시로 떠나는 플릭은 민들레를 타고 힘차게 날아갑니다. 모두가 플릭이 돌아오지 못할 거로 생각하지만 도트 공주는 플릭의 무사 귀환을 믿는답니다.

 Hey! The city's that way.

 I know.

 You're supposed to look for bugs, not dandelions.

 You leave him alone. He knows what he's doing.

 That's right. Here I go. For the colony and for **oppressed*** ants everywhere!

 Good luck, Flik!

 Wow.

 Your dad's right. He's gonna die.

 You just watch. He's gonna get the bestest, roughest bugs you've ever seen.

어린 개미들 저기요! 도시는 저쪽이에요.

플릭 나도 알아.

어린 개미들 벌레들을 찾으러 가는 거지, 민들레를 찾으러 가는 게 아니잖아요.

도트 아저씨 귀찮게 하지 마. 다 알고 계시다고.

플릭 네 말이 맞아. 자 이제 간다. 이 군락과 세상의 모든 억압받는 개미들을 위해서!

도트 행운을 빌어요, 플릭 아저씨!

플릭 와!

어린 개미들 너네 아빠 말이 맞아. 저 아저씨는 죽을 거야.

도트 넌 지켜보기나 해. 아저씨가 세상에서 제일 힘 세고 터프한 벌레들을 데려올 테니까.

***oppressed**
'억압된, 탄압받는' oppress는 '탄압하다', '억압하다'라는 의미의 동사이고, oppressed는 그것의 형용사예요. the oppressed '억압받는 사람들' 이렇게 활용할 수 있어요.

영화 속 명대사로 말하기

영화 속 명대사를 활용하여 실생활에서 쓸 수 있는 표현을 익혀보세요.

1 You **leave him alone**.
그를 귀찮게 하지 마.

'혼자 있고 싶으니 나를 좀 귀찮게 하지 마'라는 표현을 영어로 가장 간결하고 정확하게 표현하면 leave me alone! 이에요. 위의 문장에서는 you를 him으로 바꿔서 leave him alone '그를 내버려둬, 귀찮게 하지 마'라는 의미였죠. 그런데, 그 앞에 you가 들어가면 더 강한 어조의 표현이 된답니다. '야, 그를 귀찮게 하지 말란 말이야!' 이런 뉘앙스죠.

Would you please **leave me alone**? I don't feel like talking to anyone.
제발 좀 혼자 내버려 두시겠어요? 아무하고도 얘기하고 싶지 않다고요.

Leave your sister alone. She seems really stressed out.
네 여동생 좀 귀찮게 하지 마라. 스트레스 많이 받는 것 같아.

2 He **knows what he's doing**.
그는 다 알고 계시다고.

때때로 아이가 '제가 알아서 할게요, 저도 알 만큼 알아요'라며 대들 때가 있죠? 이럴 때 쓰는 표현이 I know what I'm doing.이랍니다. 이 표현은 친구가 '너 뭐 알고나 하는 거니?'하며 간섭할 때 '어련히 다 알아서 하고 있다고'라고 할 때도 쓸 수 있답니다.

Don't tell me what to do. **I know what I'm doing**.
이래라저래라 하지 마세요. 제가 다 알아서 한다고요.

You don't look like you **know what you are doing**.
내가 보기엔 네가 뭘 알고 하는 것 같지가 않은데.

3 He's gonna get the bestest, **roughest bugs you've ever seen**.
그가 네가 본 것 중 제일 힘 세고 터프한 벌레들을 데려올 테니까.

the bestest라는 말은 문법에는 맞지 않지만, the best '최고'에 더 최고(-est)를 붙여 강조하며 장난스럽게 쓴 표현입니다. 〈최상급 + 주어 + have ever seen〉은 '~가 지금껏 본 것 중에 가장 ~한'이라는 의미로 쓰이는 패턴이지요.

It was **the scariest movie I've ever seen**. 내가 지금껏 본 영화 중에 제일 무서웠어.
He's **the tallest guy I've ever seen**. 그는 내가 여태까지 살면서 본 남자 중에 제일 키가 커.

영화 속 명대사 필사하기

명대사를 따라 적으며 아름다운 명대사를 마음에 새겨보세요.

Everything that made that giant tree is already contained inside this tiny little seed.
이 거대한 나무를 자라게 하는 능력이 이미 이 작디작은 씨앗 안에 다 들어있단다.

Your dad's right. He's gonna die.
너네 아빠 말이 맞아. 저 아저씨는 죽을 거야.

You just watch. He's gonna get the bestest, roughest bugs you've ever seen.
년 지켜보기나 해. 아저씨가 세상에서 제일 힘 세고 터프한 벌레들을 데려올 테니까.

벅스 라이프 155

I just wanted to make a difference.
저는 그저 변화를 만들고 싶었던 것뿐이에요.

서커스단의 진짜 정체가 탄로 나서 개미들은 모두 경악하고 아타 공주와 여왕은 큰 배신감을 느끼고 실망합니다. 이 모든 계획을 꾸민 플릭을 개미 왕국에서 쫓아내려고 하는 장면입니다. 그들이 플릭의 진심을 알아줄까요?

 I never thought I'd see the day when an ant would put himself before the rest of his colony.

 What?

 The point is, Flik, you lied to us.

 No, no, no! I-I...

 You lied, Flik. You lied to her. You lied to the colony! You lied to me! And like an idiot, I believed you.

 But I-I was just afraid that if you knew I'd gotten circus bugs… I just wanted to make a difference.

 I want you to leave, Flik. And **this time, don't come back.***

여왕 내 한평생 개미 한 마리가 모두의 이익보다 자신의 이익을 챙기는 날을 보게 되는 날이 오리라고는 꿈도 못 꿨다.

플릭 뭐라고요?

여왕 그러니까 내 말은, 플릭, 네가 우리에게 거짓말을 했다는 것이야.

플릭 아니에요, 아니에요! 전 그저…

아타 당신은 거짓말을 했어요, 플릭. 여왕님께 거짓말을 했고 모두에게 거짓말을 했어요! 내게도 거짓말을 했다고요! 그리고 난 멍청이처럼, 당신을 믿었고요.

플릭 저는 그저 제가 서커스 곤충들을 데려온 것을 알게 될까 봐 두려웠고… 저는 그저 변화를 만들고 싶었던 것뿐이에요.

아타 전 당신이 떠났으면 해요, 플릭. 그리고 이번엔, 돌아오지 마세요.

> * **This time, don't come back.**
> '이번엔, 돌아오지 마세요.' '지난번, 이번에, 다음에'와 같은 표현을 할 때는 time을 뒤에 두고 last time, this time, next time 이렇게 응용할 수 있어요. 예를 들어, This time, it'll be different. '이번에는 다를 거야', There won't be next time. '다음은 없어' 이런 식으로 문장에서 활용해 주세요.

영화 속 명대사로 말하기 영화 속 명대사를 활용하여 실생활에서 쓸 수 있는 표현을 익혀보세요.

1 I never thought I'd see the day when an ant would **put himself before** the rest of his colony.
내 한평생 개미 한 마리가 모두의 이익보다 자신의 이익을 챙기는 날을 보게 되는 날이 오리라고는 꿈도 못 꿨다.

see the day는 '그런 날을 보다'라는 의미이고, 'put something/someone before ~'은 '~을 ~보다 앞에 두다/우선시하다/중시하다'라는 의미로 쓰이는 숙어랍니다.

You shouldn't **put work before** family. 가족보다 일을 우선시하면 안 된다.
I **put honesty before** profit. 나는 항상 이익보다는 정직을 우선으로 한다.

2 **The point is,**
그러니까 내 말은,

'중요한 것은, 그러니까 중점은 뭐냐 하면, 내 말의 요지는'이라고 말할 때는 the point is라고 표현해요. The important point is 라고 하려면 불필요하게 기니까 그냥 짧고 간결하게 The point is 이렇게 쓰면 좋겠죠.

That's not the point. **The point is** I don't like this idea.
내가 하고자 하는 말은 그게 아냐. 내 말의 요지는 이 아이디어가 별로라는 거야.

The point is that you can't be too greedy.
그러니까 중요한 것은 너무 욕심을 부리면 안 된다는 거예요.

3 I just wanted to **make a difference**.
저는 그저 변화를 만들고 싶었던 것뿐이에요.

make a difference는 '차별/차이를 두다'라는 의미도 있지만, 이 문맥에서는 '변화를 가져오다, 변화를 일으키다, 차이를 낳다'라는 의미로 쓰였어요. 세상을 더 살기 좋은 곳으로 만들기 위해서 변화를 추구할 때 사람들이 즐겨 쓰는 표현이랍니다.

We have to believe that we can **make a difference**. 변화를 일으킬 수 있다고 믿어야만 합니다.
Going to a new school **made a big difference** in his life.
새로운 학교로 전학한 것이 그의 인생에 큰 변화를 가져왔다.

Show me one thing I've done right.

내가 제대로 한 일을 하나만 말해봐.

개미군락과 아타 공주에게 버림을 받은 플릭에게 서커스 곤충들이 너만 원한다면 우리가 너를 따라 싸우겠노라며 용기를 실어주네요. 이 친구들이 있어서 플릭은 용기를 얻습니다.

 Flik, you've done so many good things.

 Oh, yeah? Okay, show me one thing I've done right.

 Us.

 Dim is right, my boy. You have rekindled the long-dormant embers of purpose in our lives.

 And if it wasn't for you, Francis would have never gotten in touch with his feminine side.

 Oh, yeah? Well, hmm. You know what? He's right.

 Lieutenant Gypsy reporting for duty.*

로지 플릭, 넌 좋은 일을 정말 많이 했어.

플릭 아, 그래? 좋아. 그럼 내가 제대로 한 일을 하나만 말해봐.

딤 우리들.

매니 딤 말이 맞단다. 얘야. 넌 긴 휴면 상태에 빠졌던 우리 삶의 목적에 대한 작은 불씨를 다시 불러일으켰어.

슬림 그리고 네가 아니었더라면 프랜시스는 자신의 여성적인 면에 대해서는 평생 모르고 살았을 거야.

프랜시스 오, 그래? 아, 흠, 근데 말이야. 얘 말이 맞네.

집시 집시 소령 보고의 의무를 다하기 위해 왔습니다.

★ **report for duty**
'출근하다, 근무 준비 완료'라는 의미입니다. 이 문장에서 Lieutenant (소령, 중위) 같은 군인 직명이 나왔는데 '전투 준비 완료 보고'라고 해석할 수 있어요.

영화 속 명대사로 말하기

영화 속 명대사를 활용하여 실생활에서 쓸 수 있는 표현을 익혀보세요.

1 Show me one thing I've done right.
내가 제대로 한 일을 하나만 말해봐.

'~가 잘한/못한 일을 하나만 대봐'라고 할 때 〈Show me one thing 주어 + have done right/wrong〉의 패턴으로 표현합니다. 상대가 나를 평가하면서 모호하게 표현을 할 때 좀 더 구체적으로 얘기해 달라고 하면서 쓰는 표현이지요.

Show me one thing that **I've done wrong**. 내가 잘못한 것 있으면 한 가지만 말해봐.
I'll **show you one thing** that you can do to change yourself.
네 자신을 변화시키기 위해서 할 수 있는 걸 내가 한가지 보여줄게.

2 You have **rekindled** the long-dormant embers of purpose in our lives.
넌 긴 휴면 상태에 빠졌던 우리 삶의 목적에 대한 작은 불씨를 다시 불러일으켰어.

kindle은 '불을 붙이다, 불이 타기 시작하다'라는 뜻으로 rekindle은 '다시 불러일으키다, 다시 불붙게 하다'라는 의미가 되겠죠. long-dormant는 '오랫동안 휴면 상태인'이라는 의미입니다. ember는 사전상으로는 '(장작, 숯 등이 타다 남은) 잉걸불'이라고 하는데 쉬운 말로 하면 '작은 불씨'입니다.

Let me tell you how we **rekindled** our romance.
우리의 로맨스에 어떻게 다시 불이 붙게 했는지 얘기해 줄게.

There are many animals that go into **dormant** state during winter.
겨울에는 동면 상태로 들어가는 동물들이 많다.

3 if it wasn't for you,
네가 아니었더라면,

'~덕분이 아니었으면, ~가 아니었더라면'이라고 표현할 때는 'it it wasn't/weren't for something/someone'의 패턴을 사용합니다. 도움이 된 무엇 혹은 누군가에게 감사하는 표현을 할 때 주로 사용하지요.

We never would have achieved this feat **if it weren't for** all of you.
여러분들 모두가 아니었으면 우린 이런 위업을 달성할 수 없었을 겁니다.

If it wasn't for that dog, I would be hurt. 그 개 덕분이 아니었더라면, 난 아마 이미 다쳤을 거예요.

영화 속 명대사 필사하기

명대사를 따라 적으며 아름다운 명대사를 마음에 새겨보세요.

I just wanted to make a difference.
저는 그저 변화를 만들고 싶었던 것뿐이에요.

I want you to leave, Flik.
전 당신이 떠났으면 해요, 플릭.

And this time, don't come back.
그리고 이번엔, 돌아오지 마세요.

Flik, you've done so many good things.
플릭, 넌 좋은 일을 정말 많이 했어.

Oh, yeah? Okay, show me one thing I've done right.
아, 그래? 좋아, 그럼 내가 제대로 한 일을 하나만 말해봐.

Ants are not meant to serve grasshoppers!

개미들은 메뚜기들을 모시기 위해 태어난 존재들이 아니야!

지금껏 단 한 번도 그 어떤 개미도 메뚜기에게 대들어 본 역사는 없었는데, 개미 역사상 처음으로 플릭이 메뚜기 대장 하퍼에게 도전을 하고 있어요. 개미들의 두려운 존재인 하퍼에게 배짱 좋게 대응하는 플릭의 말을 들어 보세요.

You piece of dirt. No, I'm wrong. You're lower than dirt. You're an ant!
Let this be a lesson to all you ants. Ideas are very dangerous things.
You are mindless, soil-shoving losers. Put on this earth to serve us!

You were wrong, Hopper. Ants are not meant to serve grasshoppers!
I've seen these ants do great things.
And year after year, they somehow manage to pick food for themselves and you. So-so who is the weaker **species***?
Ants don't serve grasshoppers. It's you who need us.
We're a lot stronger than you say we are. And you know it, don't you?

하퍼 이 흙먼지 같은 놈아. 아니, 내가 틀렸네. 넌 흙먼지보다 못해. 너는 일개 개미일 뿐이라고!
너희들에게 이것이 교훈이 되기를 바란다. 생각이란 것은 아주 위험한 것이야.
너희들은 아무 생각이 없는, 흙 푸는 패배자들이야. 우리를 모시라고 세상에 태어난 존재들이라고!

플릭 틀렸어, 하퍼. 개미들은 메뚜기들을 모시기 위해 태어난 존재가 아니야!
이 개미들이 얼마나 위대한지를 내가 봤다고.
그리고 해마다 그들은 어떻게든 자신들의 곡식과 너희들을 위한 곡식을 준비하지. 그렇다면 우리 중에 누가 더 약한 종인 걸까?
개미들은 베짱이를 섬기지 않아. 너희들이 우리를 필요로 하는 것이지.
너희가 말하는 것보다 우리는 훨씬 더 강하다고. 그리고 그 사실을 너도 알고 있고, 안 그래?

---

* species
'생물 분류의 기초단위로서의 종' '종의 기원'할 때 그 종을 species라고 해요. 단어 끝에 있는 s 때문에 이 단어가 복수인 줄 아는데 이 단어는 단수, 복수 모두 이대로 species라고 씁니다.

영화 속 명대사로 말하기

영화 속 명대사를 활용하여 실생활에서 쓸 수 있는 표현을 익혀보세요.

1 **Let this be a lesson to** all you ants.
너희들에게 이것이 교훈이 되기를 바란다.

'Let this be a lesson to you'는 오래된 노래 제목이기도 한데 '이것이 당신에게 교훈이 되기를 바라요'라는 의미랍니다. 어떤 강한 메시지를 전한 후에 '명심하도록 하거라!'라는 뉘앙스로 쓰는 표현이지요.

Let this be a lesson to you. Just say NO to drugs.
이것이 여러분들에게 교훈이 되기를 바라요. 약물에 절대로 'NO!'라고 하세요.

Always be positive. **Let this be a lesson to you,** my son.
항상 긍정적으로 살아라. 이것이 너에게 교훈이 되기를 바란다, 아들아.

2 Ants **are** not **meant to serve** grasshoppers!
개미들은 메뚜기들을 모시기 위해 태어난 존재들이 아니야!

〈be동사 + meant to + 동사〉는 '~을 하는 것이 운명인, ~을 하기 위해 태어난'이라는 의미로 쓰이는 패턴이에요. 사랑하는 사람들의 운명적인 만남을 표현할 때도 쓰고 부정적인 뉘앙스로 '넌 결국 그렇게 될 운명인 거야'라고 표현할 때 쓰기도 하지요.

We **are meant to be** together. 당신과 나는 함께할 운명이에요.
I **was** not **meant to live** this way. 난 원래 이렇게 살 운명이 아니라고.

3 **Year after year**, they **somehow manage to pick** food for themselves and you.
해마다 그들은 어떻게든 자신들의 곡식과 너희들을 위한 곡식을 준비하지.

Day after day '매일같이, 날마다'처럼 Year after year는 '해마다, 매년'으로 해석할 수 있습니다. 〈somehow manage to + 동사〉는 '어떻게 했는지는 모르겠지만 어떻게든 ~을 해내다, 힘든 일을 어떻게든 실행에 옮기다'라는 의미로 쓰이는 패턴이에요. pick은 '(과일, 꽃 등을) 따다, 꺾다, 뜯다'라는 동사로 개미들이 곡식을 모으는 장면을 묘사했습니다.

I don't know how I did it, but I **somehow managed to do** it on my own.
내가 어떻게 했는지는 모르지만, 어찌 됐건 내가 혼자서 이것을 해냈다.

Week after week, they **somehow manage to publish** a new book.
그들은 매주 어떻게든 새 책을 한 권씩 출판한다.

#6
I wanna thank all of you for giving us back our hope, our dignity, and our lives.

우리의 희망과 자존감과 삶을 돌려주신 것에 대해서 여러분 모두에게 감사드려요.

왕국의 개미들이 모두 용맹하게 메뚜기들과 싸워서 그들을 모두 마을에서 몰아냈어요. 이제야 개미 왕국에 다시 평화가 찾아왔네요. 같이 싸워줬던 서커스단이 개미 왕국을 떠나면서 작별인사를 하고 있어요.

 I wanna thank all of you for giving us back our hope, our **dignity**,* and our lives.

 And to you, Princess Atta. You have given us so much. Please accept this gift from us bugs to you ants.

 For you!

 Oh! It's a rock.

 What's with the rock?

 Must be a circus thing.

 Well, Flik, you really goofed up. Thanks.

아타 우리의 희망과 자존감과 삶을 돌려주신 것에 대해서 여러분 모두에게 감사드려요.

슬림 아타 공주님. 당신께도 감사드려요. 당신은 우리에게 정말 많은 것을 주셨답니다. 우리 곤충들이 당신네 개미들께 드리는 선물을 받아주세요.

매니 당신을 위한 것이에요!

아타 아, 돌멩이네요.

개미1 돌멩이는 대체 뭐야?

개미2 아마 서커스랑 관련 있는 걸 거야.

로지 흠, 플릭, 네가 완전 일을 망쳤어. 고마워.

* **dignity**
'자존감' 이 단어는 '위엄, 품위, 존엄성' 등으로 해석이 되는 경우가 많은데, 여기에서는 문맥의 흐름에 따라 '자존감'이라고 하는 게 가장 잘 어울리네요.

영화 속 명대사로 말하기

영화 속 명대사를 활용하여 실생활에서 쓸 수 있는 표현을 익혀보세요.

1 You **have given** us so much.
당신은 우리에게 정말 많은 것을 주셨답니다.

'당신이 제게 지금껏 준 것이/베푼 것이 너무 많아요'라고 할 때 쓰는 표현이에요. 한 번 준 것이 아니고 지속해서 준 것이기 때문에 단순 과거형 gave가 아닌 현재완료형 have given이 쓰였답니다.

You **have given** me more than I could ever have wanted.
당신은 내가 바라는 것보다 훨씬 더 많은 것을 주셨어요.

You **have given** me so much that I can never pay you back.
제가 평생을 두고 갚으려 해도 갚을 수 없을 만큼 많은 것을 주셨어요.

2 **What's with** the rock?
돌멩이는 대체 뭐야?

이상하게 행동하는 사람이나 상황에 대해서 물을 때 '이건 대체 뭐야?, ~가 왜 저러지?' 이런 뉘앙스로 쓰는 표현이 What's with ~? 입니다. 예를 들어, What's with the sunglasses? 라고 하면 '아니 웬 선글라스를 끼고 왔냐? What's with him? '쟤 오늘 왜 저래?' 이런 식으로 쓴답니다.

What's with you? You have been avoiding me all day long.
너 뭐니? 하루 종일 나를 피해 다니고 있잖아.

What's with the sideburns? Are you going for an Elvis look?
웬 구레나룻? 엘비스처럼 보이려고 그러는 거니?

3 You really **goofed up**.
네가 완전 일을 망쳤어.

goof up은 '(부주의나 태만으로) 실수를 저지르다, 실수로 일을 망치다'라는 의미의 숙어예요. '망치다, 망가뜨리다'라는 의미로 더 흔히 쓰이는 표현인 mess up과 같이 기억해 두시면 좋아요.

Another **goof up** and you're out of here. 한 번 더 실수하면 넌 아웃이야/쫓겨날 거야.
Who **goofed up** the machine? 이 기계 누가 망가뜨렸어?

벅스 라이프 165

영화 속 명대사 필사하기

명대사를 따라 적으며 아름다운 명대사를 마음에 새겨보세요.

We're a lot stronger than you say we are.
너희가 말하는 것보다 우리는 훨씬 더 강하다고.

And you know it, don't you?
그리고 그 사실을 너도 알고 있고, 안 그래?

I wanna thank all of you for giving us back our hope, our dignity, and our lives.
우리의 희망과 자존감과 삶을 돌려주신 것에 대해서 여러분 모두에게 감사드려요.

And to you, Princess Atta.
아타 공주님, 당신께도 감사드려요.

월-E

2008년 개봉한 픽사의 9번째 장편 애니메이션 〈월-E〉는 픽사 작품 중 가장 '예술적'인 영화로 꼽힙니다. 거기에 상업적인 성공까지 거두며 대중성과 예술성이 공존할 수 있음을 증명했죠. 월-E(Wall-E)는 Waste Allocation Load Lifter Earth-Class(지구 폐기물 수거-처리용 로봇)의 약자입니다. 인간들의 과도한 소비로 인해 쓰레기통이 되어버린 지구를 700년간 홀로 지키며 청소하는 로봇이죠. 이 영화는 '만약 인간들이 쓰레기더미가 된 지구를 버리고 떠나면서, 로봇 하나의 전원을 끄는 걸 잊어버렸다면 어떤 일이 벌어질까?'라는 앤드류 스탠튼 감독의 재미있는 발상에서 시작되었다고 해요.

월-E의 대사라고는 짧막한 단어 몇 개가 전부지만, 표정만으로도 월-E의 풍부한 감정을 읽을 수 있습니다. 여기에 재미있는 비하인드 스토리가 있습니다. 어느 날 감독이 쌍안경을 쓰고 거울을 보게 되었는데 그 모습에서 쓸쓸함을 보았다고 합니다. 이 쌍안경이 월-E의 눈 디자인에 크게 영향을 미쳤다고 하네요. 비단 로봇들의 사랑 이야기에 그치지 않고, 인간들의 무분별한 개발과 환경 파괴에 경종을 울리는 〈월-E〉는 제81회 아카데미 시상식과 제 66회 골든 글로브 시상식에서 작품상을 받는 영예를 안기도 했습니다. 자, 그럼 이제 역대 최고 귀요미 로봇, 월-E를 만나러 떠나볼까요?

등장인물 소개 Main Characters

월-E Wall-E
지구의 쓰레기를 모아 압축하는 청소 로봇 중 마지막으로 남아있는 로봇입니다. 이브를 만나 사랑에 빠지고 엑시엄까지 따라오는 순애보랍니다.

이브 Eve
월-E의 그녀로 지구에 사람이 살 수 있는지 판단하기 위해 지구로 파견된 탐사 로봇이죠. 월-E가 한눈에 반할 만큼 매끈하고 하얗게 인체공학적 설계가 돋보이는 로봇입니다.

선장 Captain
거대 우주선 엑시엄의 선장입니다. 지구의 매력에 푹 빠져 엑시엄의 비리를 파헤치고 엑시엄을 지구로 귀환시키기로 하죠.

오토 Auto
선장의 비서 로봇으로 사실은 악의 세력입니다. 지구 귀환 프로젝트가 취소됨에 따라 이브가 발견한 식물을 없애고 엑시엄의 지구 귀환을 방해하고 장악하려 합니다.

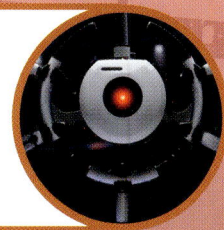

존과 메리 John & Mary
엑시엄에서 월-E와 처음으로 대면하는 엑시엄의 주민들입니다. 월-E가 맺어준 인연이라고 해도 과언이 아니죠.

There's plenty of space out in space!
우주에는 충분한 공간이 있습니다!

쓰레기장이 된 지구를 버리고 인간들은 우주로 떠나갑니다. 지구에 홀로 남은 청소 로봇 월-E는 쓸쓸히 지구를 배회하죠. 인간들에게 우주 유람선 '엑시엄'을 홍보하는 광고 영상이 나오는 장면입니다.

Too much garbage in your face?
There's plenty of space out in space!
BNL starliners leaving each day. We'll clean up the mess while you're away.

"The Axiom".
Spend your five year cruise in style.
Waited on 24 hours a day by our **fully automated*** crew, while your Captain and Autopilot chart a course for non-stop entertainment, fine dining.
And with our all-access hover chairs, even Grandma can join the fun! There's no need to walk!

아나운서 얼굴에 쓰레기가 넘쳐난다고요?
우주에는 충분한 공간이 있답니다!
BNL 스타라이너즈호는 매일 출발합니다. 당신이 떠나있는 동안 저희가 깔끔하게 청소해 두겠습니다.

BNL 함대의 보석 '엑시움'
멋지게 5년간의 항해를 즐기십시오.
선장과 오토파일럿(자동 조종 장치)이 여러분들의 끊임없는 오락과 훌륭한 식사를 위한 준비를 하는 동안, 전자동화되어 있는 우리의 승무원들이 24시간 대기하고 있습니다.
그리고 우리의 무한접근 360도 회전 의자와 함께, 할머니조차도 즐길 수 있답니다. 걸어 다닐 필요가 없답니다!

---

* fully automated
'전자동화 되어있는' fully는 '완전히, 충분히'라는 뜻이고, automate는 '자동화하다'라는 의미예요. automate의 형용사 automated는 '자동화된'이라는 뜻이 되지요. 이제 fully와 automated를 붙이면 '완전히 자동화된' 곧, '전자동화된'이라는 의미가 되겠네요.

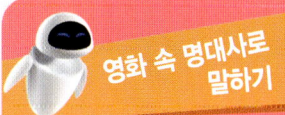

영화 속 명대사로 말하기

영화 속 명대사를 활용하여 실생활에서 쓸 수 있는 표현을 익혀보세요.

1 There's **plenty of** space out in space!
우주에는 충분한 공간이 있답니다!

이 문장에서는 space라는 단어가 두 번 등장하는 데 앞부분에 나온 space는 '공간'이라는 의미로 사용된 것이고 뒤에 나온 space는 '우주'라는 의미로 사용된 것이죠. 문맥을 살펴보면 어렵지 않게 파악할 수 있어요. plenty of는 '많은'이라는 의미로 a lot of와 같은 표현이에요. out in space 할 때 out은 '~에 나가 보면'이라는 의미예요.

We don't need to rush. We have **plenty of** time. 서두를 필요 없어요. 시간 많아요.
There are **plenty of** available guys out there. 밖에 나가보면 아직 여자 친구 없는 남자들 널렸어요.

2 Spend your five year cruise **in style**.
멋지게 5년간의 항해를 즐기십시오.

in style은 in fashion과 함께 '유행하는'이라는 의미도 있지만, 지금과 같은 문맥에서는 '거창하게; 아주 멋지게'라는 의미로 해석이 가능해요. 여기에서는 스타일 구기지 않는 멋진 방식으로 스타일 제대로 살려서 멋진 항해를 하라는 뜻으로 풀이해 보면 어떨까요?

If you are going to do it, do it **in style**. 기왕 할 거라면 멋지게 하라고.
I want to celebrate my 21st birthday **in style**.
나의 21번째 생일파티를 아주 거창하고 멋지게 하고 싶네.

3 **There's no need to** walk!
걸어 다닐 필요가 없습니다!

'~할 필요가 없다'고 할 때는 〈There's no need to + 동사〉로 표현해요. 예를 들어, '더는 말을 할 필요가 없어'라고 할 때는 'There's no need to say more.' 이렇게 말이죠. 밑에서 예문을 더 보도록 할게요.

There's no need to argue anymore. 더 이상 논쟁할 필요가 없다.
There's no need to cry. I'll help you out. 이제 안 울어도 돼. 내가 도와줄게.

There are no good men out there!
세상에 좋은 남자는 없어!

탐사 로봇 이브를 보고 사랑에 빠진 월–E는 이브를 뒤쫓아 우주 유람선 엑시움에 들어옵니다. 결국, 월–E는 이브를 발견하는데요. 친구와 화상통화로 괜찮은 남자가 없다고 하소연하는 메리가 월–E를 막고 있네요.

 Date?! Don't get me started! Every holo-date I've been on has been a virtual disaster!
If I could just meet one who wasn't so **superficial**.* There are no good men out there!
I know! I know 'cause I've scrolled through them all – What the --? Huh... ?

 Wally.

 M-mary.

 Ee-vah.

 Huh? Oh, uh, sure go ahead.

메리 데이트? 그런 얘긴 꺼내지도 매 홀로그램 데이트 나가는 족족 완전 재앙 수준이었어!
너무 속물이 아닌 사람을 만날 수만 있다면 얼마나 좋을까. 세상에 좋은 남자는 없더라고!
내가 안다니깐. 다 인터넷에서 쭉 스크롤해가면서 봤으니까… 아니 뭐야? 엉?

월–E 월리.

메리 메리.

월–E 이바.

메리 엉? 오. 어, 그래 지나가렴.

* **superficial**
'속물근성의, 피상적인, 얄팍한' 사람이나 작품의 내용이 깊이가 없고 천박할 때 주로 쓰는 형용사예요. 비슷하게 shallow '얕은, 깊이가 없는'도 자주 쓰이는 단어랍니다.

영화 속 명대사로 말하기

영화 속 명대사를 활용하여 실생활에서 쓸 수 있는 표현을 익혀보세요.

1 Don't get me started!
그런 얘긴 꺼내지도 마!

상대방이 어떤 이야기를 꺼냈을 때, 내가 그것에 대해 할 말이 너무 많아서 시작하면 끝도 없을 것 같으니 그 얘긴 꺼내지도 말라고 너스레를 떨거나 짜증을 내면서 쓰는 표현이에요.

Don't get me started on relationships! 이성 관계 얘기는 꺼내지도 마!
How do I put up with my husband? **Don't get me** started.
우리 남편을 어떻게 견디고 사냐고? 그런 얘긴 꺼내지도 마.

2 Every holo-date I've been on has been a virtual disaster!
홀로그램 데이트 나가는 족족 완전 재앙 수준이었어!

holo-date는 아마도 hologram-date를 줄여서 쓴 표현으로 보이는데, 미래에는 홀로그램 데이트를 하게 될 것이라는 상상 하에 만들어낸 신조어겠죠. I've been on에서 on은 date와 함께 쓰이는 전치사로 〈be동사 + on a date〉을 기억하세요. '나 지금 데이트 중이야'는 I'm on a date.라고 합니다. virtual disaster에서 virtual은 가상현실을 뜻하는데 almost '거의'의 의미도 있습니다. 여기에서는 두 가지 의미를 다 내포하고 있네요.

I've never **been on a date** before. 난 평생 한 번도 데이트 해 본 적 없어.
I **virtually** cried my eyes out. 거의 정말 눈이 빠져나갈 정도로 울었다.

3 There are no good men out there!
세상에 좋은 남자는 없더라고!

'세상에 나가보면 ~한 인간/상황들이 엄청 많다'라는 식의 표현을 할 때 out there를 넣어서 문장을 만드는 경우가 많습니다. '그곳에, 저 바깥에'라는 의미죠. good men은 '좋은 남자들, 착한 남자들, 괜찮은 남자들'을 뜻합니다. 여기에서 men은 복수로 쓰였네요.

There are too many psychos **out there**. 세상에 싸이코들이 왜 이리 많은 거야!
Life **out there** is a jungle. We need to stick together.
밖에 내키면 사는 게 정글같이, 우린 뭉쳐야만 해.

영화 속 명대사 필사하기

명대사를 따라 적으며 아름다운 명대사를 마음에 새겨보세요.

Too much garbage in your face?
얼굴에 쓰레기가 넘쳐난다고요?

There's plenty of space out in space!
우주에는 충분한 공간이 있답니다!

BNL starliners leaving each day.
BNL 스타라이너즈호는 매일 출발합니다.

If I could just meet one who wasn't so superficial.
너무 속물이 아닌 사람을 만날 수만 있다면 얼마나 좋을까.

There are no good men out there!
세상에 좋은 남자는 없더라고!

월-E 175

I guess things go back to normal, huh?
다시 모든 것이 정상으로 돌아가는 거겠네, 그지?

지구를 한 번도 경험해보지 못한 선장은 막상 지구로 돌아간다고 하니 살짝 겁을 먹은 모양입니다. 확인 차 이브를 다시 스캔하는데 이때 이브가 가지고 있던 식물이 사라집니다. 결국, 이브는 기계 오작동으로 판명되어 수리 센터로 보내지죠.

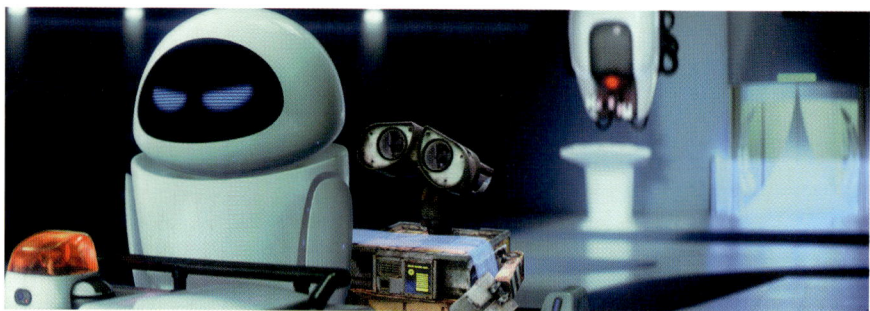

 Why don't you scan her to be sure?

 Contains no specimen. Probe's memory is faulty.

 So, then...we're NOT going to Earth?

 Negative.

 So, uh, I guess things go back to normal, huh?

 Correct, Captain.

 Well, false alarm!

 False alarm.

 The probe must be defective. Gopher, send her to the Repair Ward.
Have them run diagnostics on her. Make sure she's not **malfunctioning*** -- EEYAH!!

선장 확실하게 하기 위해서 그녀를 스캔하는 게 어때?

오토 오토파일럿 표본을 가지고 있지 않음. 탐사선의 기억에 오류가 생김.

선장 그래, 그럼, 우린 지구로 안 가는 건가?

오토 부정적임.

선장 그럼, 어, 다시 모든 것이 정상으로 돌아가는 거겠네, 그지?

오토 맞습니다, 선장.

선장 거 참, 오경보네!

컴퓨터 오경보.

선장 탐사선에 결함이 있나 보네. 고퍼, 수리 담당구역으로 보내.
거기에서 그녀를 진단하게 해. 앞으로 확실히 오작동 일어나지 않게 하라고, 아!

> ***malfunction**
> '오작동, 기능 불량, 고장'
> function(기능) 앞에 mal이 들어가서 '기능 불량'이라는 의미가 되었습니다. mal은 나쁘거나 잘못된 것을 나타내는 접두사예요. 예를 들어, **malnutrition** '영양실조', **malpractice** '위법 행위' 이렇게 쓰인답니다.

영화 속 명대사로 말하기

영화 속 명대사를 활용하여 실생활에서 쓸 수 있는 표현을 익혀보세요.

1 I guess things **go back to normal**, huh?
다시 모든 것이 정상으로 돌아가는 거겠네, 그지?

큰 사태가 일어나 혼돈 속의 세상에 살다가 이제 그것이 좀 정리되면 '다시 정상으로 돌아가다'라는 표현을 쓰죠. 그럴 때 'go back to normal'이라고 해요. 모든 것들이 정상으로 돌아가는 것을 표현할 때는 'things go back to normal'이라고 말해요.

Now the war is over, things will **go back to normal**.
이제 전쟁이 끝났으니, 모든 것이 정상으로 돌아갈 거야.

Everything's **back to normal**. 이제 모든 것이 정상으로 돌아왔어.

2 **False alarm.**
오경보.

허위나 오작동으로 위험 발생을 알리는 '허위경보/거짓경보'를 false alarm이라고 합니다. 의도적으로 소방서나 경찰서에 거짓으로 신고하는 경우에도 쓸 수 있고 경보기가 고장으로 오작동을 일으킨 경우에도 쓸 수 있어요.

There was a bomb threat that turned out to a **false alarm**.
폭탄 위협이 있었지만 알고 보니 허위경보였다.

The fire alarm went off, but it was a **false alarm**.
화재경보기가 울렸지만 잘못된 경보였다.

3 **Have** them **run** diagnostics on her.
거기에서 그녀를 진단하게 해.

diagnostics는 '진단(법), 진단학'이라는 의미예요. 동사로는 diagnose '진단하다'라고 하는데 기본적으로 이것부터 알아두시는 게 좋아요. 'Have someone do something'은 '~에게 ~을 하게 하다'라는 숙어로 do 대신 다양한 동사를 넣을 수 있습니다. 이 문장 끝에 on her가 들어갔는데 문맥에 맞게 '그녀에게/그녀를'이라고 해석하면 되겠어요.

I'll **have** him **call** you tonight. 오늘 밤에 그가 너에게 전화하도록 할게.
Have someone **to take care of** her when she's older.
그녀가 나이가 들면 누군가 그녀를 돌봐주도록 해라.

🎧 09-07.mp3

It's your buddy, John!
나 네 친구 존이야!

〈월-E〉 최고의 명장면이 아닐까 합니다. 월-E와 이브가 우주를 날아다니며 춤을 추는 장면인데요. 이들의 춤을 보며 존과 메리도 사랑에 빠질 만큼 로맨틱하고 아름다운 장면입니다.

 So many stars. Oooh... Hey, that's... what's his name –

 Hey! What the –

 Look! Look at THAT!

 Wha...huh? Hey... I know that **guy!*** It's, uh... Wally! Hey Wally! It's your buddy, John!

 Right, Wally! Hi, Wally!

 Hi.

 Hi.

메리 메리 별이 정말 많네요. 우~ 저기, 쟤... 쟤 이름이 뭐더라...

존 어이! 이거 뭐...

메리 봐봐요! 저것 좀 봐요!

존 뭐야... 엉? 아 저기... 나 쟤 알아요! 저건, 어... 월리! 야 월리야! 나 네 친구 존이야!

메리 맞다. 월리! 안녕 월리!

존 안녕.

메리 안녕.

* **guy**
'남자, 녀석' 비격식체로 남자(man)를 나타내는 표현입니다. 흔히 '터프가이'라고 하죠? '자, 여러분(남녀 포함)'이라고 할 때 Hey, guys!라고 비격식 자리에서 표현한답니다.

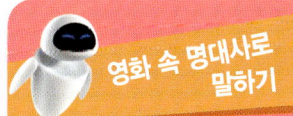

영화 속 명대사를 활용하여 실생활에서 쓸 수 있는 표현을 익혀보세요.

1 So many stars.
별이 정말 많네요.

정말 많은 것을 보고 감탄할 때는 〈So many + 명사〉 패턴을 쓴답니다. 예를 들어, 차가 별로 없는 시골에서 올라온 사람이 도시에 많은 차를 보고 놀랄 때 'So many cars!', 사람들이 많은 것을 보고 놀라면 'So many people!' 이렇게 말할 수 있어요. 물론, 셀 수 없는 것들 앞에는 So much를 써요. 가령, So much food! 이렇게요.

So many good memories. I love this place. 정말 많은 아름다운 추억들이 있어. 난 여기가 정말 좋아.
Oh, **so many** years. 오, 정말 많은 세월이 흘렀구나.

2 What the –
이거 뭐…

원래 감탄문으로 4 letter word '4글자 (나쁜) 단어'라고 하는 욕을 표현할 때 주로 쓰는 단어들, F—k, h—l, s—t을 사용하여 욕을 하는데 그런 단어들을 쓰는 것이 사회적으로 바람직하지는 않기 때문에 그 단어를 빼고 느낌만 살려서 'What the – ' 이렇게 표현하는 경우가 많아요. 굳이 해석하자면 '뭐야 이런! 이런 젠장! 맙소사!' 주로 이런 뜻으로 쓰이죠.

What the –! What did you put in there? 으악! 여기에다가 뭐 넣은 거야?
What the –. What happened to your face? 맙소사! 너 얼굴이 왜 이 모양이니?

3 It's your buddy, John!
나 네 친구 존이야!

(특히 남자들 간에) 친구를 그냥 friend라고 하는 것보다 더 친근하게 느껴지도록 표현하고 싶을 때 buddy라고 말해요. 남자들끼리는 왠지 단순히 '친구'라고 하면 왠지 여성스럽거나 강하지 못한 느낌이라서 그런지, pal, fella, dude, man, buddy, lad 등등 다른 호칭을 쓰는 경향이 있답니다.

Hey, **buddy**. You are still alive. 어이, 친구야. 아직 살아있네.
Dude, you are the man! 인마, 네가 진짜 남자야!

영화 속 명대사 필사하기

명대사를 따라 적으며 아름다운 명대사를 마음에 새겨보세요.

So, then...we're NOT going to Earth?
그래, 그럼. 우린 지구로 안 가는 건가?

Negative. 부정적임.

So, uh, I guess things go back to normal, huh?
그럼. 어, 다시 모든 것이 정상으로 돌아가는 거겠네, 그지?

Hey... I know that guy!
아 저기... 나 쟤 알아요!

It's, uh... Wally! Hey Wally! It's your buddy, John!
저건, 어... 월리! 야 월리야! 나 네 친구 존이야!

Earth is amazing!
지구는 멋진 곳이야!

생전 처음 보는 지구에 대해 하나하나 알게 된 선장은 지구의 매력에 푹 빠졌습니다. 하지만 오토는 선장이 지구에 관심을 두는 것을 달가워하지 않습니다. 지구 귀환 계획이 취소되었기 때문이죠.

 Define "hoe-down".

 "Hoedown" - a social gathering at which lively dancing would take place.

 Auto! **Earth is amazing!***
These are called "farms". Humans would put seeds in the ground, pour water on them, and they'd grow food, like, pizza –

 Good night, Captain.

 Psst! Computer. Define "dancing".

 "Dancing" - A series of movements, involving two partners, where speed and rhythm match harmoniously with music.

선장 '호다운'을 정의해봐.

컴퓨터 '호다운' – 경쾌하고 신나는 춤을 추는 사교 모임.

선장 오토! 지구는 멋진 곳이야! 이것들은 '농장'이라고 불러. 인간들이 땅에 씨앗을 뿌리고, 그곳에 물을 주고, 그리고 피자 같은 음식을 키우는 거야.

오토 안녕히 주무십시오, 선장님.

선장 쉿, 컴퓨터야. '춤'을 정의해라.

컴퓨터 '춤' – 두 명의 파트너들이 같이 하며 스피드와 리듬이 음악과 조화를 이루는 움직임의 연속.

* **Earth is amazing!**
'지구는 멋진 곳이야!' amazing은 '놀라운'이라는 의미로 주로 감탄할 수밖에 없을 정도로 멋지고, 황홀하고, 아름답고, 감동적인 것을 표현할 때 쓰는 형용사지요.

영화 속 명대사로 말하기

영화 속 명대사를 활용하여 실생활에서 쓸 수 있는 표현을 익혀보세요.

1 "Hoedown" - a social gathering at which lively dancing would take place.
'호다운' - 경쾌하고 신나는 춤을 추는 사교 모임.

hoedown은 일반적으로 시골 동네에서 사람들이 모여서 미국식 컨트리 음악에 맞춰서 미국 민속춤이나 사교댄스를 추는 그런 모임이랍니다.

We have to get to the hoedown before 3, or we'll be late.
3시 전에는 사교댄스 모임에 가야 해, 안 그러면 늦어.

Did you have a great time at the hoedown? 사교댄스 모임 재미있었어?

2 They'd grow food, like, pizza.
피자 같은 음식을 키우는 거야.

피자를 키우는 사람은 없지만 엑시엄의 선장은 곡식을 기른다는 개념을 모르기 때문에 이런 재미있는 말을 했답니다. grow는 '식물을 키우다/재배하다'라는 의미인데 사람이나 동물을 키울 때는 주로 raise를 쓰고, 식물을 키울 때는 grow를 씁니다.

Growing plants at home is not as easy as you think.
집안에서 화초를 키우는 것이 네 생각만큼 쉽진 않아.

What's the best way to grow plants indoors? 실내에서 식물재배하는데 최적의 방법은 뭐니?

3 "Dancing" - A series of movements, involving two partners, where speed and rhythm match harmoniously with music.
'춤' - 두 명의 파트너들이 같이하며 스피드와 리듬이 음악과 조화를 이루는 움직임의 연속.

'연속적인 동작들'은 a series of movements라고 표현했고, 두 명이 있어야 한다는 것은 'involving two partners'라고 했네요. 관계사를 where로 연결했는데, where는 장소를 나타내는 것 외에 '어떤 상황, 환경'을 표현할 때도 쓰인답니다.

Have you ever been in a situation where you felt completely lost?
무슨 일이 일어나고 있는지 전혀 이해가 안 되는 그런 상황을 경험해 본 적 있나요?

This is a case where you need to stand up for yourself.
지금은 니 자신의 권리를 주장해야 할 때야.

I don't want to survive! I want to live!

난 그냥 살아남고 싶은 게 아니야! 난 살아가고 싶다고!

지구에서 살아남은 식물을 보며 선장은 그곳에서 사람이 살 수 있음을 깨닫게 됩니다. 그리고 엑시엄을 지구로 귀환하기로 하죠. 이를 저지하는 오토에게 선장은 살아남고 싶은 게 아니라 살아가고 싶다고 말합니다.

 Sir, orders are: "Do not return to Earth".

 But life is sustainable now! Look at this plant, green and growing! It's living proof he was wrong.

 Irrelevant,* Captain.

 What?! It's completely relevant! Out there is our home! Home, Auto! And it's in trouble! I can't just sit here and...and...do nothing! That's all I've done! That's all anyone on this blasted ship has ever done...NOTHING!!

 On the Axiom you will survive.

 I don't want to survive! I want to live!

오토 선장님. 명령은 '지구로 귀환하지 말라'입니다.

선장 하지만 지금은 생명이 살 수 있다고 하잖아! 식물을 보라고, 푸르게 자라나고 있다고! 그것이 잘못됐다고 하는 살아있는 증거야.

오토 연관 관계없음. 선장님.

선장 뭐야? 완전 관계있어! 저기가 바로 우리의 집이야! 집이라고, 오토! 그리고 우리 집에 문제가 발생했다고! 그냥 여기 가만히 앉아서 아무것도 안 하고 있을 수는 없어! 내가 지금껏 한 게 그것뿐이라고! 이 빌어먹을 우주선에서 지금까지 모든 인간이 한 것은 그것뿐이야. 아무것도 안 한 것!

오토 엑시엄에서 선장님은 살아남을 겁니다.

선장 난 그냥 살아남고 싶은 게 아니야! 난 살아가고 싶다고!

> ★ **Irrelevant**
> '무관한, 연관성이 없는, 상관이 없는' 이 단어는 주로 문맥상 '전혀/완전히 무관한' 이렇게 쓰이는 경우가 많아서 totally/completely irrelevant라고 기억하면 좋겠네요.

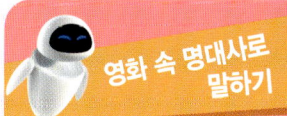

영화 속 명대사로 말하기

영화 속 명대사를 활용하여 실생활에서 쓸 수 있는 표현을 익혀보세요.

1 Life is **sustainable** now!
지금은 생명이 살 수 있다고 하잖아!

sustain은 '살아가게 하다, 지탱하게 하다, 지속시키다'라는 뜻이고, sustainable은 '계속 지속할 수 있는, 지탱할 수 있는, 살아갈 수 있는'이라는 의미입니다. 어떤 행성에서 혹은 어떤 상황에서 생명이 지속할 수 있는지를 말할 때 자주 쓰이는 단어랍니다.

Which planets in our solar system can sustain life?
우리 태양계의 어떤 행성들에서 사람들이 살 수 있을까?

It's difficult to have sustainable economic growth.
지속 가능한 경제성장을 이룬다는 것은 어려운 문제입니다.

2 It's **living proof** he was wrong.
그것이 잘못됐다고 하는 살아있는 증거야.

〈be동사 + living proof + that절 (혹은 that 생략)〉은 '~이라고 하는 살아있는 증거다/좋은 본보기다'라는 의미로 쓰이는 패턴이에요. living proof 앞에 관사가 없이 바로 be동사와 연결되는 점을 주의해 주세요.

He's living proof that not all comedians are funny.
그가 바로 모든 개그맨이 다 웃기지는 않는다는 좋은 본보기야.

I'm living proof that it's possible to live a happy life without a girlfriend.
내가 바로 여자친구 없이 행복하게 잘 사는 것이 가능하다는 것에 대한 좋은 본보기야.

3 I don't want to **survive**! I want to **live**!
난 그냥 살아남고 싶은 게 아니야! 난 살아가고 싶다고!

삶을 살아가는 데 있어서 그냥 아무 의미 없이 살아있는 송장처럼 surviving '살아남기'만 한다면 그게 무슨 의미가 있을까요? 삶이란 희로애락을 느끼며 도전과 실패를 하고 생동감 넘치게 live '살아가야' 진정한 의미가 있는 것 아닐까요?

Life isn't about surviving. It's about living.
인생은 살아남기 위해 사는 것이 아니야. 살아가기 위해 사는 것이지.

What's the difference between surviving and living?
살아남기와 살아가기의 차이가 뭔가요?

영화 속 명대사 필사하기

명대사를 따라 적으며 아름다운 명대사를 마음에 새겨보세요.

Earth is amazing! These are called "farms".
지구는 멋진 곳이야! 이것들은 '농장'이라고 불러.

Humans would put seeds in the ground, pour water on them, and they'd grow food, like, pizza –
인간들이 땅에 씨앗을 뿌리고, 그곳에 물을 주고, 그리고 피자 같은 음식을 키우는 거야.

On the Axiom you will survive.
엑시엄에서 선장님은 살아남을 겁니다.

I don't want to survive! I want to live!
난 그냥 살아남고 싶은 게 아니야! 난 살아가고 싶다고!

카

장난감, 몬스터, 물고기 등 다양한 캐릭터를 만들어 온 픽사가 이번에는 경주용 자동차에 생명을 불어넣습니다. 픽사의 7번째 장편 애니메이션 〈카〉는 스피드와 인기에 한껏 취한, 잘 나가는 레이싱 카 '라이트닝 맥퀸'이 우연히 66번 국도의 한적한 마을에 머물며 느린 삶의 가치를 깨닫는 과정을 담은 영화입니다. 이 영화의 아이디어는 감독 존 래스터로부터 나왔는데요. 실제로 가족과 캠핑카를 타고 1년간 66번 국도를 여행한 경험을 살려 스토리를 만들었다고 합니다.

이 영화는 매끈한 자동차 디자인은 물론, 긴박감 넘치는 레이싱 장면을 실어 풍부한 볼거리를 제공합니다. 특히 자동차를 좋아하는 남성들을 사로잡으며 남녀노소를 불문한 폭넓은 사랑을 받았죠. 영화 수익은 물론, 자동차 캐릭터 상품이 날개 돋친 듯 팔려 엄청난 수익을 올렸다고 합니다. 영화의 인기를 방증하듯, 2011년에는 속편 〈카2〉가 제작되었고요. 현재 〈카3〉도 제작 중이라는 반가운 소식도 들려오네요. 인생에서 중요한 것은 성공이 아닌, 성공을 이뤄나가는 과정이라는 메시지를 전하는 〈카〉 속으로 함께 들어가 볼까요?

등장인물 소개 Main Characters

라이트닝 맥퀸　Lightening McQueen

거만한 신인 레이싱카로 1등 판정 레이싱에 출전하러 캘리포니아로 가던 중 불량배 자동차들을 만나 불시착합니다. 레디에이터 스프링스라는 작은 시골 마을에서 느린 삶의 가치를 배우게 됩니다.

맥　Mack

라이트닝 맥퀸을 실어 나르는 큰 견인 트럭이자 맥퀸의 단짝. 1등 결정전을 치르기 위해 캘리포니아로 맥퀸을 태우고 가던 중 졸음운전과 불량배들의 공격으로 맥퀸을 잃어버립니다.

메이터　Mater

시골 마을의 견인차로 낡고 녹슬고 엉뚱한 성격이지만 인간미 넘치고 부지런하죠. 낡아서 잘 달리지는 못하지만 후진 실력만큼은 가히 독보적이에요. 헬리콥터를 타는 꿈을 갖고 있습니다.

킹　The King

왕년에 화려한 실력을 자랑했던 68세 베테랑 경주차로 한창 기고만장한 맥퀸에게 성실함과 팀워크의 중요성을 일깨워 줍니다. 1등 판정 레이싱을 끝으로 은퇴합니다.

닥 허드슨　Doc Hudson

의사와 재판관도 겸하는 시골 마을 이장님으로 소싯적 전설적인 레이싱카 였지만 사연이 있어 그것을 숨기고 살고 있죠. 마을 주민들은 배려하는 선품을 가졌지만 뭔가 석연치 않네요.

This ain't a one-man deal, kid.
이 바닥에서는 절대 혼자만의 힘으로 살아남을 수 없단다, 꼬마야.

레이싱계의 슈퍼 루키 라이트닝 맥퀸이 팀원들을 모두 해고하고 기고만장합니다. 다이노코의 전설 더 킹 스트립이 레이싱은 혼자 힘만으로 할 수 있는 것이 아니라며 조언하지만 맥퀸에게는 그저 영감님의 잔소리로만 들리는 것 같아요.

 Hey, buddy. You're one **gutsy*** racer.

 Oh, hey, Mr. The King.

 You got more talent in one lug nut than a lot of cars has got in their whole body.

 Really? Oh, that...

 But you're stupid.

 Excuse me?

 This ain't a one-man deal, kid. You need to wise up and get yourself a good crew chief and a good team. You ain't gonna win unless you got good folks behind you, and you let them do their job, like they should.

 A good team.

킹 자네, 배짱 하나는 정말 끝내주는 레이서로구먼.
맥퀸 오, 미스터 킹 선생님.
킹 자네의 바퀴에 끼워 넣는 너트 하나의 재능이 다른 차들 몸 전체에 있는 재능보다도 뛰어나네.
맥퀸 정말요? 아, 그건…
킹 하지만 자넨 바보네.
맥퀸 네 뭐라고요?
킹 이 바닥에서는 절대 혼자만의 힘으로 살아남을 수 없단다, 꼬마야. 정신 차리고 크루 팀장과 팀원들을 제대로 꾸리도록 해. 너를 뒤에서 도와주는 조력자들 없이는 승리할 수 없어. 그들에게 주어진 일을 잘 담당할 수 있도록 여건을 만들어 주어야만 해.
맥퀸 좋은 팀이라.

***gutsy**
'배짱이 두둑한, 대담한' 구어체에서는 배짱, 용기를 guts라고 표현한답니다. 예를 들어, You have guts. '넌 배짱이 있다' 혹은 You have no guts. '넌 배짱이 없다' 이런 식으로 쓰이죠. guts의 형용사가 gutsy랍니다.

영화 속 명대사로 말하기

영화 속 명대사를 활용하여 실생활에서 쓸 수 있는 표현을 익혀보세요.

1 You **got more talent** in one lug nut **than** a lot of cars **has** got in their whole body.

자네의 바퀴에 끼워 넣는 너트 하나의 재능이 다른 차들 몸 전체에 있는 재능보다도 뛰어나네.

lug nut은 자동차 바퀴용 큰 너트를 의미합니다. 문장 뒤에 나오는 has got 부분은 그냥 has만 써도 되고 got만 써도 별 차이는 없답니다. 이 문장의 의미는 남들이 아무리 노력해도 너의 발끝에도 못 쫓아간다는 것이죠. 비슷한 표현을 아래의 예문을 통해서 볼게요.

She **has more talent** in her pinky **than you have** in your whole body.
네 몸 전체를 통틀어 가지고 있는 재능보다 그녀의 새끼손가락 하나에 있는 재능이 더 뛰어나다.

I **have more power than** all of **you** together. 나는 너희들 모두의 힘을 합친 것보다 더 강력하다.

2 This **ain't a one-man deal**, kid.

이 바닥에서는 절대 혼자만의 힘으로 살아남을 수 없단다. 꼬마야.

ain't는 'be동사 + not' 혹은 'have + not'과 같은 표현인데 속어이기 때문에 구어체에서만 쓰인답니다. one-man deal은 one-man show와 같은 뉘앙스로 '다른 사람들과 협력하지 않고 혼자서 다 하는 것'이라는 의미예요.

You **ain't** my friend no more. 넌 더 이상 내 친구 아냐.
It's not a **one-man deal**. It's a team deal! 이건 혼자서 다 하는 것이 아니야. 팀이 같이하는 거라고!

3 You need to **wise up** and get yourself a good crew chief and a good team.

정신 차리고 크루 팀장과 팀원들을 제대로 꾸리도록 해.

wise up (to something)은 '불쾌한 진실을 깨닫게 되다/알게 되다'라는 비격식 표현이에요. 여기서 You need to wise up은 You need to realize와 마찬가지 뜻이죠.

You should **wise up** about how the industry works.
이쪽 분야가 어떤 식으로 돌아가는지 네가 좀 깨달아야겠다.

Wise up and think! 세상이 어떻게 돌아가는지 깨닫고 생각 좀 하고 살아!

I've always wanted to ride in one of them fancy helicopters.

난 늘 그 삐까뻔쩍한 헬리콥터를 타고 싶었거든.

시골 작은 마을에서 만난 녹슬고 낡은 트럭 메이터가 맥퀸에게 나중에 성공하면 꼭 자신도 헬리콥터를 태워달라고 하며 그를 정말 좋은 친구라고 추켜세우죠. 메이터는 맥퀸을 자신의 베스트 프렌드라고 생각하지만, 맥퀸도 과연 그럴까요?

 What's wrong with rusty old cars?

 Well, I don't mean you, Mater. I mean other old cars. You know? Not like you. I like you.

 It's OK, buddy. Hey, you think maybe one day I can get a ride in one of them helicopters? I mean, I've always wanted to ride in one of them fancy helicopters.

 Yeah, yeah, yeah, sure, sure.

 You mean it?

 Oh, yeah. Anything you say.

 I knew it. **I knowed I made a good choice!**＊

 In what?

 My best friend.

메이터 녹슬고 오래된 차가 뭐가 어쨌다는 거야?

맥퀸 네 얘기가 아니야, 메이터. 내 얘기는 다른 오래된 차들 말이야. 알지? 너 같은 차 말고. 넌 내가 좋아하지.

메이터 괜찮아, 친구야. 근데, 혹시 나중에 나도 한번 그 헬리콥터라는 거 타볼 수 있을까? 그러니까 내 말은, 난 늘 그 삐까뻔쩍한 헬리콥터를 타고 싶었거든.

맥퀸 그럼, 그럼, 당연하지.

메이터 진심이야?

맥퀸 아, 그럼. 네가 말하는 건 뭐든지 다 해줄 수 있지.

메이터 내 그럴 줄 알았어. 내가 정말 좋은 선택을 했다는 걸 알고 있었다고!

맥퀸 무슨 선택 얘기야?

메이터 내 절친 선택하는 것.

＊ **I knowed I made a good choice!**
'내가 정말 좋은 선택을 했다는 걸 알고 있었다' know의 과거형은 원래 knew지만 특정 지역 혹은 부류의 사람들은 knowed라고 비표준어로 쓰기도 한답니다.

영화 속 명대사로 말하기

영화 속 명대사를 활용하여 실생활에서 쓸 수 있는 표현을 익혀보세요.

1 You think maybe **one day** I can get a ride in one of them helicopters?
혹시 나중에 나도 한번 그 헬리콥터라는 거 타볼 수 있을까?

메이터가 남부지역 특유의 방언을 쓰는 친구라서 일상적으로 우리가 알고 있는 문법에 맞지 않는 표현을 아주 많이 쓴답니다. 이 문장에서는 one of those helicopters를 one of them helicopters라고 했네요. one day는 '언젠가는, 미래의 어느 날'이라는 표현이죠.

I know it's your decision to make one day but you may regret it.
네가 결정할 문제라는 것은 알아 하지만 언젠가 네가 이 일에 대해서 후회할지도 몰라.

I hope one day I will find the right guy for me and get married.
언젠가 나한테 딱 맞는 내 짝을 만나서 결혼하면 좋겠다.

2 **I've always wanted to** ride in one of them fancy helicopters.
난 늘 그 삐까뻔쩍한 헬리콥터를 타고 싶었거든.

위에서 다루었던 것처럼 여기에서도 one of them fancy helicopters는 one of those fancy helicopters가 돼야 원래 문법에는 맞는 거죠. I've always wanted to~ '난 늘 ~을 원해 왔었다'는 자주 활용할 수 있는 유용한 패턴입니다.

I've always wanted to try skydiving. 난 늘 스카이다이빙을 해 보고 싶었어.
I've always wanted to visit the Statute of Liberty. 난 예전부터 자유의 여신상 보러 오고 싶었어.

3 You mean it?
진심이야?

'진심이야?'라고 물을 때 가장 많이 쓰는 표현은 Are you serious?와 You mean it?이랍니다. Do you mean it?의 줄인 표현이고요, mean은 '의미하다'라는 뜻 외에 '~을 의도하다; 의도를 가지고 말하다'라는 뜻도 있답니다. 그래서 You mean it? 하면 '너 그거 그냥 하는 말이 아니라 의도를 가지고 하는 말이야?' 즉 '진심이야?'라는 의미가 되지요.

When you said you liked me, did you mean it? 너 나 좋아한다고 했을 때, 그거 진심이었니?
I don't think you mean it. Do you really mean it? 네가 진심이 아닌 것 같아. 정말 진심이니?

명대사를 따라 적으며 아름다운 명대사를 마음에 새겨보세요.

Oh, hey, Mr. The King.
오, 미스터 킹 선생님.

You got more talent in one lug nut than a lot of cars has got in their whole body.
자네의 바퀴에 끼워 넣는 너트 하나의 재능이 다른 차들 몸 전체에 있는 재능보다도 뛰어나네.

You mean it?
진심이야?

Oh, yeah. Anything you say.
아, 그럼. 네가 말하는 건 뭐든지 다 해줄 수 있지.

You're history.

넌 이제 대중들에게서 잊혀졌어.

한적한 시골에서 판사 노릇을 하는 닥 허드슨이 알고 보니 한 때 레이싱계의 전설이었답니다. 아직도 옛일에 대해서 분을 풀지 않은 허드슨은 맥퀸에게 자신이 어떻게 레이싱계에서 잊혀지게 되었는지 말해 주지요.

 You think I quit?

 Right. Your big wreck in '54.

 They quit on me. When I finally got put together, I went back expecting a big welcome.
You know what they said? **"You're history."**＊
Moved right on to the next rookie standing in line. There was a lot left in me.
I never got a chance to show 'em. I keep that to remind me never to go back.
I just never expected that that world would… …would find me here.

허드슨 내가 포기했다고 생각하나?

맥퀸 그렇네요. 54년도에 큰 사고가 있으셨죠.

허드슨 그들이 나를 포기한 거야. 내가 각고의 노력 끝에 재활을 마쳤을 때 기대를 하고 그들에게 돌아갔지.
그런데 그들이 뭐라고 한 줄 알아? "넌 이제 대중들에게서 잊혀졌어."
그리곤 바로 다음 순번을 기다리고 있던 루키에게 정성을 쏟더군. 내겐 아직도 보여줄 게 많이 남아있었는데 말이지.
그들에게 보여줄 기회조차 얻지 못했어. 늘 그때를 떠올리면서 절대 돌아가지 않겠다고 다짐한다네.
그런데 세상이 나를 이런… 겨우 이런 곳에서 찾게 될 줄은 전혀 예상하지 못했군.

＊ **You're history.**
넌 이제 대중들에게서 잊혀졌어. 〈be동사 + history〉 표현은 '그것은 역사 속으로 사라졌다'라는 의미예요. 곧, '이미 지난 일이다; 더 이상 중요하지 않다; 죽었다'라는 뜻이 된답니다.

1 When I finally got **put together**, I went back expecting a big welcome.
내가 각고의 노력 끝에 재활을 마쳤을 때 기대를 하고 그들에게 돌아갔지.

'put something together'이라고 하면 '(부품을) 조립하다; (이것저것을 모아서) 만들다; 합치다'라는 의미예요. 여기에서 got put together이라고 한 것은 부서졌던 허드슨의 몸/차체의 부품들을 다시 합쳐놓은 것을 말하죠. a big welcome은 말 그대로 '큰 환영'을 뜻해요.

This plastic model is too complicated to **put together**.
이쪽 반은 내 것 그리고 이쪽 반은 네 것이야.

Let's **put our heads together** and figure out a way to lower our costs.
우리 같이 머리를 모아서 어떻게 하면 비용을 낮출 수 있을지 생각해 보자.

2 There was a lot **left in** me.
내겐 아직도 보여줄 게 많이 남아있었는데 말이지.

〈수량 + left in + somewhere/something/someone〉은 '~에 ~만큼 남아있는'이라는 의미의 패턴이에요. 무엇이 많이 남았거나 적게 남았음을 표현할 때 활용할 수 있어요.

There's a lot of money **left in** my account. 내 계좌에 돈 많이 남아 있어.
There was no energy **left in** his body. 그의 몸엔 기운이 전혀 남아있지 않았다.

3 I **keep** that to **remind** me never to go back.
늘 그때를 떠올리면서 절대 돌아가지 않겠다고 다짐한다네.

여기서 keep은 '계속 ~한마음을 유지하다; 다짐하다'라는 의미로 쓰였고, remind는 '상기시키다; 생각나게 하다'라는 의미죠. 'never to go back'은 '다시는 돌아가지 말자고/않겠노라'고 해석되었어요.

I **keep reminding** myself not to forget what happened on that day.
그날 있었던 일을 절대 잊지 말자고 스스로 계속 다짐해요.

Don't **remind me** of my failures.
내 실패를 자꾸 생각나게 하지 마.

I didn't come all this way to see you quit.

네가 포기하는 거나 보자고 내가 이곳까지 온 게 아니잖아.

우여곡절 끝에 맥퀸은 챔피언 결정전에 참가하게 되고 허드슨과 시골 동네 친구들은 그의 크루팀으로 경기에 나섭니다. 예상치 못한 친구들의 등장에 맥퀸은 감동 받네요. 든든한 지원군을 얻은 맥퀸은 과연 챔피언이 될 수 있을까요?

 I don't think I…

 I didn't come all this way to see you quit.

 Doc? Guys, you're here! I can't believe this!

 I knew you needed a crew chief, but I didn't know it was this bad.

 I thought you said you'd never come back.

 Well, I really didn't have a choice. Mater didn't get to say goodbye.

 Goodbye! OK, **I'm good.** *

 All right, if you can drive as good as you can fix a road then you can win this race with your eyes shut. Now, get back out there!

맥퀸 아무도도 안 될 것 같은…

허드슨 네가 포기하는 거나 보자고 내가 이곳까지 온 게 아니잖아.

맥퀸 닥? 얘들아, 너희들 모두 왔구나! 와 정말 믿기지 않아!

허드슨 네가 크루 팀장이 필요하다는 건 알았지만 이렇게까지 심한 상황인 줄은 몰랐다.

맥퀸 다시는 돌아오지 않을 거라고 하셨잖아요.

허드슨 음. 어쩔 수 없는 선택이었어. 메이터가 작별 인사를 못 했잖아.

메이터 잘 가! 자, 난 이제 됐어.

허드슨 좋아, 네가 도로를 고친 정도만큼만 운전도 잘할 수 있다면 이 레이스는 눈 감고도 승리할 수 있어. 자, 어서 나가봐라.

***I'm good.**
'난 이제 됐어' '잘 지냈니?'라고 물어볼 때 I'm good.이라고 하면 '잘 지내'이고, 지금처럼 어떤 일에 대해서 섭섭한 마음이 없다고 할 때는 '난 괜찮아, 이제 괜찮아졌어'라는 의미예요.

🎧 10-08.mp3

영화 속 명대사를 활용하여 실생활에서 쓸 수 있는 표현을 익혀보세요.

1 I didn't come **all this way** to see you quit.
네가 포기하는 거나 보자고 내가 이곳까지 온 게 아니잖아.

all this way는 오느라고 고생했다는 뉘앙스로 '이렇게 먼 곳까지'라는 의미로 쓰는 표현이에요. 이 표현이 쓰이는 경우는 '내가 그 고생을 해서 이 먼 곳까지 왔는데 무슨 대접이 이러느냐'고 따지듯이 말할 때가 대부분이랍니다.

I didn't travel **all this way** just to watch TV with you.
그냥 너랑 TV나 보겠다고 이 먼 곳까지 내가 여행해서 온 것은 아니잖아.

I can't believe you came **all this way** to see me.
나를 보겠다고 이 먼 곳까지 오다니 정말 믿기지 않아.

2 I didn't know it was this **bad**.
이렇게까지 심한 상황인 줄 몰랐다.

bad를 '나쁜'이라는 형용사로 대부분 알고 계시죠? 어떤 일의 심한 정도를 표현할 때 '심한'이라는 의미로 쓰이기도 한답니다. 심각한 상황이나, 정말 심하게 좋아하거나 싫어하거나 등의 표현을 할 때 사용합니다.

How **bad** is it? Is it really **bad**? 얼마나 심한 건데? 정말 심하니?
I want it so **bad**(badly) that I can't get any sleep at night.
난 이걸 너무 심하게/간절히 갖고 싶어서 밤에 잠도 안 올 지경이야.

3 Mater didn't **get to say goodbye**.
메이터가 작별 인사를 못 했다잖아.

오랫동안 헤어지게 되는 친구에게 제대로 된 작별 인사를 하지 못했을 때 'I didn't get to say goodbye.'라는 표현을 씁니다. 같은 상황에서는 늘 쓰이는 정형화된 표현이니까 그대로 외워주시면 좋겠습니다.

A : Did you **get to say goodbye** to Miriam? 미리엄에게 작별 인사했니?
B : No, I didn't **get to say goodbye** to her. Did she leave already?
아니, 작별인사 제대로 못 했는데, 벌써 떠난 거야?

영화 속 명대사 필사하기

명대사를 따라 적으며 아름다운 명대사를 마음에 새겨보세요.

When I finally got put together, I went back expecting a big welcome.
내가 각고의 노력 끝에 재활을 마쳤을 때 기대를 하고 그들에게 돌아갔지.

You know what they said? "You're history."
그런데 그들이 뭐라고 한 줄 알아? "넌 이제 대중들에게서 잊혀졌어."

I don't think I...
아무래도 안될 것 같은…

I didn't come all this way to see you quit.
네가 포기하는 거나 보자고 내가 이곳까지 온 게 아니잖아.

It's just an empty cup.
이 우승컵은 껍데기일 뿐이란다.

챔피언 결정전에서 1등으로 달리던 맥퀸은 이제 마지막 결승선만 통과하면 꿈에도 그리던 피스톤 컵을 품에 안을 수 있어요. 하지만 같이 경주하던 킹이 사고로 인해 뒤처지자 그를 뒤에서 밀어주는 감동적인 스포츠맨십을 발휘하네요.

 What are you doin', kid?*

 I think the King should finish his last race.

 You just gave up the Piston Cup, you know that?

 This grumpy old racecar I know once told me somethin'. It's just an empty cup.

 Darrell, is pushing on the last lap legal?

 Hey man, he's not really pushin' him. He's just givin' him a little bump draft.

킹 꼬마야, 너 뭐 하는 거니?

맥퀸 킹 선생님께서는 마지막 레이스를 완주하셔야만 해요.

킹 넌 지금 방금 피스톤 우승컵을 포기한 거야, 그건 알고 이러는 거니?

맥퀸 제가 아는 어떤 심술보 레이스카 영감님이 한번은 저에게 뭔가를 말씀해 주셨어요. 이 우승컵은 껍데기일 뿐이란다.

해설자 대럴, 마지막 바퀴째에 뒤에서 밀어주는 것이 합법적이긴 한 건가요?

대럴 아, 진짜 미는 게 아니에요. 약간의 범프 드래프팅*차 뒤에 바짝 붙어 힘을 실어 주는 것만 하는 거예요.

---

* **What are you doin', kid?**
'꼬마야, 너 뭐 하는 거니?' 영화나 소설에서 doing을 doin'이라고 표현하는 경우를 볼 수 있는데 이것은 발음 나는 대로 표기한 것이에요. 네이티브들은 -ing [잉]을 그냥 -in' [인]으로 끝내는 경우가 있답니다. talking도 talkin' 이런 식으로 발음하죠.

영화 속 명대사로 말하기

영화 속 명대사를 활용하여 실생활에서 쓸 수 있는 표현을 익혀보세요.

1. This grumpy old racecar I know once told me somethin'.
제가 아는 어떤 심술보 레이스카 영감님이 한번은 저에게 뭐라고 말씀해 주셨어요.

grumpy는 '팩팩/땍땍거리는; 성격이 괴팍한; 성격이 나쁜' 이런 뜻이에요. 특히 나이 많고 심술이 얼굴에 덕지덕지 붙어 있는 사람을 묘사할 때 자주 사용하는 형용사랍니다. 문장 앞부분의 'This grumpy old racecar I know'가 주어구예요. '내가 아는 어떤 심술보 레이스카 영감'이라는 뜻이죠.

Are you talking about the **grumpy old man** who lives on the 5th floor?
5층에 사는 그 맨날 땍땍거리는 노인네 얘기하는 거니?

I hope my dad doesn't turn into one of those **grumpy old men**.
우리 아빠는 나중에 팩팩거리는 심술보 할아버지가 되지 않았으면 좋겠어요.

2. It's just an **empty** cup.
이 우승컵은 껍데기일 뿐이란다.

empty는 비어있는 것을 뜻하는 형용사인데 허무하거나 공허한 것을 묘사할 때도 자주 쓰인 답니다. 예를 들어, empty life는 '공허한 삶', empty dream '허무한 꿈' 이렇게 말이죠.

Life is nothing, but an **empty** dream.   인생은 그저 허무한 꿈에 지나지 않아요.
I feel like I have an **empty** soul.   나에겐 영혼이 없는 것 같아요.

3. Is pushing on the last lap **legal**?
마지막 바퀴째에 뒤에서 밀어주는 것이 합법적이긴 한 건가요?

운동장 달리기로 돌면서 한 바퀴, 두 바퀴 할 때 그 바퀴를 lap이라고 합니다. 여기서 말하는 the last lap은 '마지막 바퀴'를 의미하는 것이죠. legal은 '합법적인', illegal은 '불법적인' 같이 알아두세요.

Is that even **legal**?   서서 합법적이긴 한 거야?
It's not a matter of being **legal** or not, it's what makes sense.
이건 합법이냐 불법이냐의 문제가 아니야, 이게 합리적이라는 것이지.

There's a whole lot more to racin' than just winnin'.

레이싱에는 우승하는 것보다 훨씬 더 값진 가치들이 많이 있단다.

챔피언 왕좌를 포기한 맥퀸에게 거물 스폰서가 다가와 다이노코의 새로운 얼굴이 되어주지 않겠느냐고 제안을 합니다. 하지만 맥퀸은 러스트-에즈와의 의리를 지키기 위해 미래의 성공을 보장해 줄 제안을 거절합니다.

 How 'bout comin' over here and talk to me a minute? Son, **that was some real racin' out there.*** How'd you like to become the new face of Dinoco?

 But I didn't win.

 Lightnin', there's a whole lot more to racin' than just winnin'.

 He was so rusty, when he drove down the street buzzards used to circle the car!

 Thank you, Mr. Tex, but......but these Rust-eze guys over there gave me my big break. I'm gonna stick with them.

 Well, I sure can respect that.

텍스 이리 와서 나랑 잠시 얘기 좀 할까? 얘야, 정말 멋진 레이싱을 보여주었구나. 네가 다이노코의 새로운 얼굴이 되어주는 것은 어떻겠니?

맥퀸 하지만 전 우승하지 못했는데요.

텍스 라이트닝. 레이싱에는 우승하는 것 보다 훨씬 더 값진 가치들이 많이 있단다.

메이터 그는 하도 녹슬어서 운전하러 나가면 독수리들이 시체 주변을 돌듯이 그의 머리 위를 돌곤 했어.

맥퀸 감사합니다. 텍스 씨. 하지만… 하지만 저기 러스트-에즈 사람들이 나에게 큰 도움을 줬어요. 전 그들과 함께할래요.

텍스 음. 그런 상황이라면 내가 당연히 존중해줘야지.

***That was some real racin' out there.**
'정말 멋진 레이싱을 보여주었구나' That was some~ 문장은 '정말 멋진/대단한 ~이었다'라는 의미예요. 예를 들어, That was some show! '엄청난 쇼였다', 이렇게 씁니다.

영화 속 명대사로 말하기

영화 속 명대사를 활용하여 실생활에서 쓸 수 있는 표현을 익혀보세요.

1 **There's a whole lot** more to racin' than just winnin'.

레이싱에는 우승하는 것보다 훨씬 더 값진 가치들이 많이 있단다.

a whole lot은 a lot의 강조형으로 '아주 많이'라는 의미예요. There's more to something than something else.는 '~에게는 ~보다 더 가치가/중요한 것이 있다'라는 의미로 쓰이는 패턴입니다.

There's a lot more to this guy than meets the eye.
이 남자에게는 겉으로 보이는 것보다 더 대단한 면이 많이 있다.

There's a whole lot more to life than looks. 삶에는 외모보다는 훨씬 더 중요한 것들이 많아.

2 These Rust-eze guys over there **gave me my big break**.

저기 러스트-에즈 사람들이 나에게 큰 도움을 줬어요.

여기서 '러스트-에즈'는 자동차 경기 후원 회사명입니다. give someone one's big break은 '~를 너그럽게 봐주다; ~에게 도움의 손길을 보내다'라는 의미랍니다.

Give the guy a break. He just started today.
좀 봐주면서 해. 그 사람 오늘 처음 들어온 사람이야.

I'll **give you a break** this time but don't do it again.
이번에는 봐 줄게 하지만 다시는 이러지 말아라.

3 I'm gonna **stick with** them.

전 그들과 함께할래요.

stick with something/someone은 '~와 붙어있다; 곁에 머물다; ~을 계속 고수하다'라는 의미로 쓰이는 숙어예요. stick이 '붙다; 붙이다'라는 의미이니까 stick with someone의 뜻은 나중에도 잊지 않고 바로 연상할 수 있겠죠?

Stick with me if you want to survive. 살아남고 싶으면 내 곁에 머물거라.

I try to **stick with** my schedule as much as possible.
나는 최대한 일정을 지키면서 살려고 한다.

영화 속 명대사 필사하기

명대사를 따라 적으며 아름다운 명대사를 마음에 새겨보세요.

What are you doin', kid?
꼬마야, 너 뭐 하는 거니?

✎

I think the King should finish his last race.
킹 선생님께서는 마지막 레이스를 완주하셔야만 해요.

✎

Thank you, Mr. Tex, but……but these Rust-eze guys over there gave me my big break. I'm gonna stick with them.
감사합니다, 텍스 씨. 하지만… 하지만 저기 러스트–에즈 사람들이 나에게 큰 도움을 줬어요. 전 그들과 함께할래요.

✎

30장면으로 끝내는
스크린 영어회화 - 겨울왕국

국내 유일! 전체 대본 수록

구성
- 전체 대본
- 훈련용 워크북
- mp3 CD

강윤혜 해설 | 332면 | 18,000원

국내 유일! 〈겨울왕국〉 전체 대본 수록!

국내 최초! 애니메이션 천만 관객 돌파!
〈겨울왕국〉의 30장면만 익히면 영어 왕초보도 영화 주인공처럼 말할 수 있다!

난이도	첫걸음 | 초급 | 중급 | 고급	**기간**	30일
대상	영화 대본으로 재미있게 영어를 배우고 싶은 독자	**목표**	30일 안에 영화 주인공처럼 말하기

30장면으로 끝내는
스크린 영어회화 - 빅 히어로

구성
- 전체 대본
- 훈련용 워크북
- mp3 CD

강윤혜 해설 | 360면 | 18,000원

국내 유일! 〈빅 히어로〉 전체 대본 수록!

〈겨울왕국〉의 아성을 잇는 디즈니 후속작!
〈빅 히어로〉의 30장면만 익히면 영어 왕초보도 영화 주인공처럼 말할 수 있다!

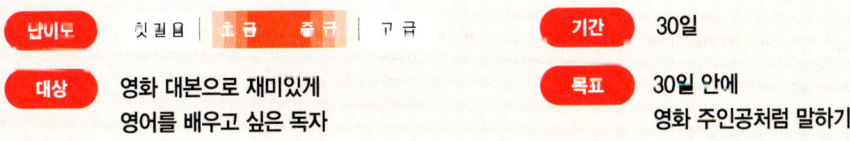

30장면으로 끝내는
스크린 영어회화 - 인사이드 아웃

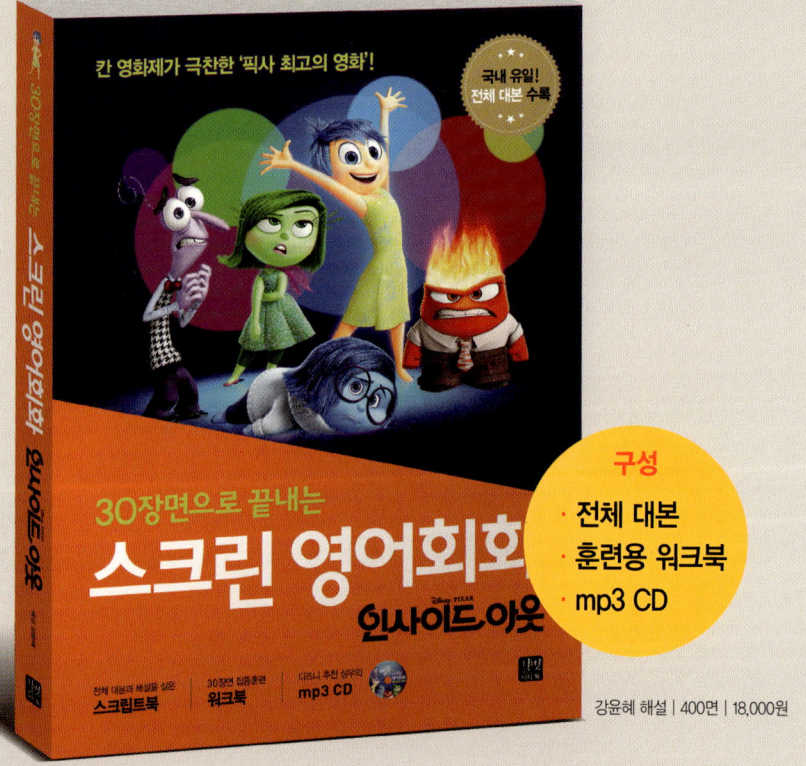

구성
- 전체 대본
- 훈련용 워크북
- mp3 CD

강윤혜 해설 | 400면 | 18,000원

국내 유일! 〈인사이드 아웃〉 전체 대본 수록!

칸 영화제가 극찬한 '픽사 최고의 영화'!
〈인사이드 아웃〉의 30장면만 익히면 영어 왕초보도 영화 주인공처럼 말할 수 있다!

난이도	첫걸음 / 초급 / 중급 / 고급	**기간**	30일
대상	영화 대본으로 재미있게 영어를 배우고 싶은 독자	**목표**	30일 안에 영화 주인공처럼 말하기

30장면으로 끝내는
스크린 영어회화 - 주토피아

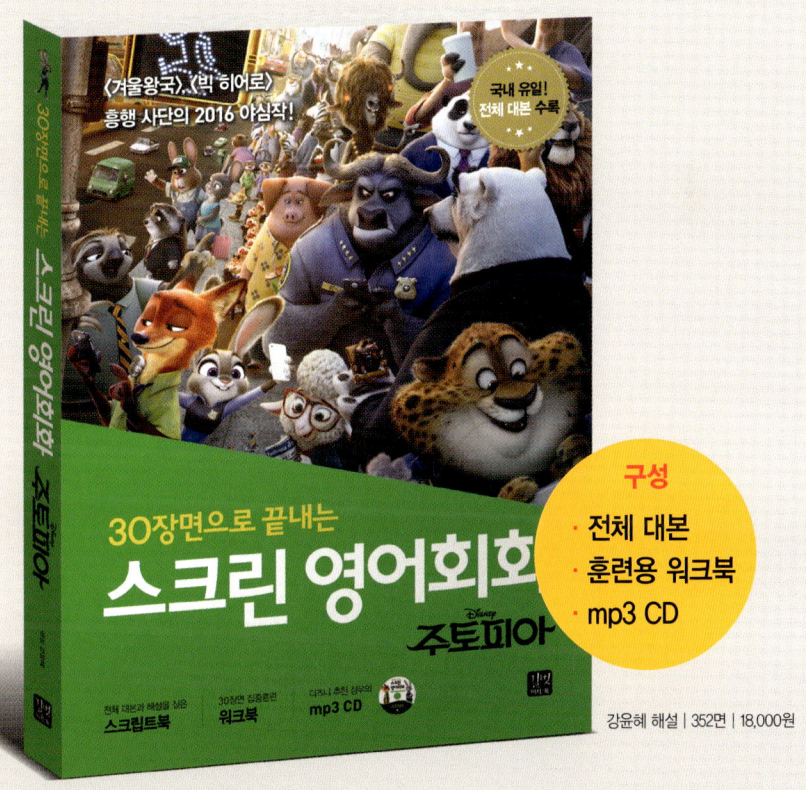

국내 유일! 〈주토피아〉 전체 대본 수록!

〈겨울왕국〉, 〈빅 히어로〉 사단의 2016년 야심작!
〈주토피아〉의 30장면만 익히면 영어 왕초보도 영화 주인공처럼 말할 수 있다!

강윤혜 해설 | 352면 | 18,000원

구성
- 전체 대본
- 훈련용 워크북
- mp3 CD

난이도	첫걸음	초급 중급	고급	
대상	영화 대본으로 재미있게 영어를 배우고 싶은 독자			
기간	30일			
목표	30일 안에 영화 주인공처럼 말하기			

30장면으로 끝내는
스크린 영어회화 - 도리를 찾아서

강윤혜 해설 | 408면 | 18,000원

구성
- 전체 대본
- 훈련용 워크북
- mp3 CD

국내 유일! 〈도리를 찾아서〉 전체 대본 수록!

〈니모를 찾아서〉의 흥행 신화를 잇는 픽사 30주년 기념작!
〈도리를 찾아서〉의 30장면만 익히면 영어 왕초보도 영화 주인공처럼 말할 수 있다!

난이도	첫걸음 / 초급 / 중급 / 고급	기간	30일
대상	영화 대본으로 재미있게 영어를 배우고 싶은 독자	목표	30일 안에 영화 주인공처럼 말하기